墨香财经学术文库
“十二五”辽宁省重点图书出版规划项目

企业僵尸化的政策性根源及防治机制研究

Research on the Policy Roots and Prevention Mechanism of Firm Zombification

张伟广 著

东北财经大学出版社 Dongbei University of Finance & Economics Press 大连

图书在版编目（CIP）数据

企业僵尸化的政策性根源及防治机制研究 / 张伟广著. —大连：东北财经大学出版社，2023.5
（墨香财经学术文库）
ISBN 978-7-5654-4832-4

Ⅰ. 企… Ⅱ. 张… Ⅲ. 企业管理-研究 Ⅳ. F272

中国国家版本馆CIP数据核字（2023）第082087号

东北财经大学出版社出版发行
大连市黑石礁尖山街217号 邮政编码 116025
网 址：http：//www.dufep.cn
读者信箱：dufep @ dufe.edu.cn
大连永盛印业有限公司印刷

幅面尺寸：170mm×240mm 字数：158千字 印张：10.75 插页：1
2023年5月第1版 2023年5月第1次印刷
责任编辑：李 彬 郭海雷 责任校对：齐 心
封面设计：原 皓 版式设计：原 皓
定价：52.00元

教学支持 售后服务 联系电话：（0411）84710309
 举报电话：（0411）84710523
如有印装质量问题，请联系营销部：（0411）84710711

前言

本书从产业政策角度考察了企业僵尸化的政策性根源，进而为防治僵尸企业提出机制设计与政策建议。

在供给侧结构性改革的背景下，正确处置僵尸企业是有效化解产能过剩、破除无效供给的当务之急和关键因素。国家多次从战略层面强调妥善处置僵尸企业的重要性，2017年中央财经领导小组第十五次会议提出，深入推进去产能，要抓住处置“僵尸企业”这个“牛鼻子”；2018年中央经济工作会议明确提出，要“大力破除无效供给，把处置‘僵尸企业’作为重要抓手，推动化解过剩产能”；2018年政府工作报告再次强调“继续破除无效供给，加大‘僵尸企业’破产清算和重整力度”；2018年8月8日，国家发展和改革委员会等五部门联合印发《2018年降低企业杠杆率工作要点》，明确加快推动“僵尸企业”债务处置，降低无效杠杆，要求在2018年年底前完善“僵尸企业”债务处置政策体系；2019年6月，国家发展和改革委员会印发的《加快完善市场主体退出制度改革方案》进一步明确了公共安全、产业调控、区域发展、技术标准和环境保护需要下特定领域的退出规则，这意味着不满足特定技术标准以及缺乏技术创新能力的企业可能会成为特定的处置对象。

僵尸企业的危害性毋庸置疑，自身经营长期亏损、低效率以及缺乏创新能力的僵尸企业依赖政府补贴和银行信贷支持而持续经营，在加剧了产能过剩、破坏市场机制的同时，还通过获得低于市场利率的金融资源支持而变相地提高了其他企业的融资成本，对正常企业产生一定的投资挤出效应。高杠杆率、缺乏盈利能力和效率低下的僵尸企业反而更容易获得低成本的信贷资源支持，加剧了金融资源错配，不利于企业技术创新与长期增长，扭曲资源有效配置，威胁正常企业的生存甚至倒逼其退出市场，“劣币驱逐良币”问题严重，最终造成阻碍产业发展与经济增长的恶劣后果。

政府和银行在僵尸企业形成过程中扮演了重要角色，而产业政策作为政府干预经济发展的重要手段，其在制定和实施过程中必然会对企业的投资决策和经营绩效产生重要影响。僵尸企业的妥善处置离不开对其进行精准识别与成因分析，尤其是明晰僵尸企业在中国产生的政策性根源，对现有僵尸企业的处置与预防企业僵尸化具有重要的理论和实践意义。因此，本书从产业政策制定与实施的不同环节对企业僵尸化造成的影响展开研究，重点考察产业政策对企业僵尸化的影响及其作用机制，探究其政策目录的行业扶持力度强弱、实施过程中官员行为特征干预、央地政策传递的偏好差异对企业僵尸化的影响，明晰僵尸企业的政策性成因，为积极预防和有效治理提供相关经验证据和理论借鉴。

整体而言，本书从产业政策制定和实施的三个核心环节——扶持力度强弱、官员实施干预、央地传递偏差，分析产业政策对企业僵尸化的影响效应。一方面，从僵尸企业形成因素和具体作用机制出发，为更好地进行僵尸企业清理、加快供给侧结构性改革提供理论思路；另一方面，考察地方产业政策规划制定、实施及其与中央产业政策的偏差对企业僵尸化的异质性影响，为政府如何审慎而全面地制定和实施不同目标导向的产业政策提供有益参考。

本书结构安排如下：

第1章介绍了研究背景、目的与意义、研究思路与内容安排，总结出可能的创新点。

第2章介绍了相关概念，并对“产业政策”与“僵尸企业”的文献研究进行了综述。在分析产业政策的内涵、类型与实施效果的基础上，对僵尸企业研究的识别、成因与危害进行了对比述评，并给出僵尸企业研究可拓展的视角，着重介绍了企业僵尸化程度的度量，明确了产业政策实施对企业僵尸化影响的研究意义。

第3章首先从整体上介绍了产业政策制定与实施的三个核心环节及其对企业僵尸化影响的理论逻辑，并给出本书从产业政策的扶持力度强弱、官员实施干预与央地传递偏差研究视角的优势；其次对僵尸企业识别方法进行了适用性修正，给出本书采用的识别标准下僵尸企业的地区、行业、所有制、出口属性等分布特征，同时在识别出企业当年是否为僵尸企业的基础上，度量出企业的僵尸化程度，为有效处置并积极预防提供警示作用；最后通过图表揭示产业政策各个环节与企业僵尸化关系的特征事实，为后续章节从不同视角展开研究提供具体的理论分析和实证验证依据。

第4章着重研究了产业政策“扶持力度强弱”对企业僵尸化的影响。基于省级五年规划文本识别出扶持力度不同的产业政策类型，给出产业政策实施对覆盖行业内外企业僵尸化程度影响具有明显差异的特征事实，通过机理分析提出文章的理论假设，认为产业政策目标的行业扶持导向对企业僵尸化的影响存在抑制和加剧的两种可能，有必要依据产业定位与发展偏向不同区别考察产业政策对企业僵尸化的影响效应，并从行业层面分析了该效应产生影响的渠道。

第5章从地方官员行为特征视角考察了产业政策“官员实施干预”对企业僵尸化的影响。产业政策的实施过程，离不开地方官员的具体执行与推动，但由于不同地方官员面临的政治激励与约束不同，因此省委书记和省长的年龄、任期、任职来源、任职去向、动态更替等特征，会对重点产业政策扶持行业内部和外部企业的僵尸化产生差异化的影响。

第6章主要从央地政策传递的角度考察了产业政策“央地传递偏差”对企业僵尸化的影响。为规避地方照搬中央政策、各省之间政策相似重叠的内生性问题，选取中央政府在2009年出台十大产业调整和振兴规划（以下简称“十大产业振兴规划”）为政策契机，通过识别各省份“十一五”“十二五”两个五年规划与十大产业振兴规划的重叠变化，可以有效衡量出央地政策传递之间的偏好差异，进而以地方政府对十大产业的重视与扶持力度变化，考察二者之间的偏差会对企业僵尸化产生的异质性影响。同时，沿用现有文献对中央和地方五年规划产业政策传递进行了类型划分和计算Jaccard相似系数，对相关结论进行了稳健性分析。

本书的贡献在于：

（1）在僵尸企业的识别方法上，提出“企业长期成长能力标准”，为精准识别出中国情形下的僵尸企业进行了适用性修正。同时提出应将企业僵尸化纳入动态处置与预防过程的新视角，选取僵尸企业特征变量度量出全部企业僵尸化程度的僵尸化指数，为有效处置并积极预防提供警示作用。

（2）根据产业政策目录中产业定位与扶持行业发展偏向不同，区别考察产业政策扶持力度强弱对企业僵尸化的影响效应，拓展了产业政策目标导向的效果评估思路，为政府根据扶持力度的把控而制定出科学合理的产业政策提供借鉴。

（3）基于省级地方官员的来源、去向、年龄、任期、更替等多角度行为特征，将产业政策“官员实施干预”纳入对企业僵尸化影响的分析中，能够更为准确及全面地评估产业政策实施的影响效应，同时对于如何规避官员实施的负面干预，尤其是确保产业政策执行的连续性提供重要参考。

（4）以十大产业振兴规划为政策契机，不仅有效避免了央地政策制定与传递的内生性问题，丰富了现有央地政策传递的研究思路，而且验证了地方重点产业政策在制定上效仿中央政策现象的存在性及其危害，对地方脱离本地实际、盲目效仿中央的政策放大效应提出警示。

加快推动僵尸企业处置，是完成供给侧结构性改革去产能任务的重要抓手，也是我国经济高质量发展的应有之义。以动态化防治企业僵尸化、预防僵尸企业“死灰复燃”具有重要的现实需求和理论意义，本书在这方面的研究也仅仅是一次努力的尝试，欢迎同仁们批评指正！

本书的出版得到东北财经大学经济学院出版资助，在此深表谢意。

张伟广

2022年12月

目录

1 导论

新时代背景下，深化供给侧结构性改革和推动经济高质量发展作为国家战略已成为社会共识。随着“去产能”成为党的十九大报告中深化供给侧结构性改革的首要任务，加快处置僵尸企业便成为有效化解产能过剩和深化供给侧结构性改革的应有之义。

僵尸企业的危害性毋庸置疑，其存在本身不仅破坏了正常的市场机制，导致落后企业依赖银行贷款、政府补贴以及企业关联信用输血的支持而难以正常退出市场，加剧产能过剩（Caballero et al.，2008；何帆和朱鹤，2016），还加剧了企业投资“挤出效应”，因为银行给僵尸企业提供信贷优惠会变相地提高正常企业的融资成本，而且这一挤出效应对民营企业影响更严重（Hirata，2010；谭语嫣等，2017）。由此造成的结果是，高杠杆率、缺乏盈利能力和效率低下的僵尸企业反而更容易低成本地获得信贷资源，造成了严重的信贷资源错配，不利于企业技术创新与长期增长，而且威胁到了正常企业的生存，导致“劣币驱逐良币”现象层出不穷（Kwon et al.，2015）。由于我国金融制度不完善，企业间商业信用这一非正式金融在缓解企业（尤其是中小企业）的融资约束方面扮演了关键的角色，僵尸企业的存在过度消耗了局部空间范围内关联企业的信贷资源，容易将企业的僵尸属性“传染”给关联企业，甚至拖累关联金融机构成为“僵尸企业”，加大了系统性的风险（方明月等，2018）。

僵尸企业的妥善处置，离不开对其进行准确识别，明确其成因。中国僵尸企业的形成机制也比较复杂，现有研究从不同角度探讨了企业僵尸化的成因，包括微观层面的所有制属性、企业市场规模、企业资产、企业利润率、企业补贴与企业负债等因素（Peek and Rosengren，2005；申广军，2016；胡春阳，2018；戴泽伟和潘松剑，2018；刘海明和曹廷求，2018）；宏观层面因素包括政企合谋、地方政府与国企竞争、外部需求冲击等因素（聂辉华等，2016；蒋灵多和陆毅，2017；陈运森和黄健峤，2017；黄少卿和陈彦，2017；张雨潇等，2017）。

政府和银行在僵尸企业形成过程中扮演了重要角色，而产业政策作为政府干预经济发展过程中运用得较为频繁的一种手段，探究产业政策制定与实施对企业僵尸化的影响显得尤为必要。直观来看，产业政策对企业僵尸化的影响效果可能存在加剧或抑制两种结果：一方面，产业政策的制定和实施具有很强的导向作用，不仅体现在政府的投资扶持导向上（齐鹰飞和赵旭，2015），也表现为引导企业对行业前景形成共识以致导致投资出现“潮涌现象”（林毅夫等，2010），因此在政府产业政策的强力引导下，僵尸企业和产能过剩现象具有很大概率出现；另一方面，政府具备一定的信息优势，产业政策制定的初衷就是促进目标行业的成长，同时致力于限制和淘汰落后产能，进而推进产业结构的优化升级，因此在产业政策引导下，让市场自发调节产能结构，有利于降低与预防企业僵尸化问题。当然，产业政策对企业僵尸化的实际影响及其作用机制，有待于进一步的理论和实证分析。

本书认为，“精准识别”与“成因分析”是妥善处置僵尸企业的两大前提。因此，在考虑企业的长期成长能力对僵尸企业识别标准进行修正的基础上，本书选取了与企业僵尸化具有高度因果关系的僵尸企业特征指标，评估出中国工业企业僵尸化程度的指数，以期丰富完善僵尸企业的识别预警机制。随后，从产业政策制定和实施的三个核心环节出发，探究产业政策的扶持力度强弱、官员实施干预、央地政策传递偏差对企业僵尸化的影响，以明确僵尸企业在中国产生并存在的政策性根源及其传导作用机制，以期为妥善处置僵尸企业并有效预防企业僵尸化提供经验证据、措施参考和预警建议。

本章从研究的选题背景出发，阐述了本书研究的重要性及其现实意义，并给出研究内容、整体框架及研究方法，最后提出了本书可能创新点与不足之处。

1.1 研究背景、目的与意义

1.1.1 研究背景

2015年3月20日，国务院总理李克强在视察国家工商行政管理总局时首次提到“僵尸企业”。由于正确处置“僵尸企业”是有效化解产能过剩、破除无效供给的当务之急和关键因素，契合党的十九大报告深化供给侧结构性改革“去产能”的要求，因此处置僵尸企业逐渐成为政府进行经济改革和宏观调控的一项经济政策任务。

国家随后多次从战略层面强调妥善处置僵尸企业的重要性，2017年中央财经领导小组第十五次会议提出，深入推进去产能，要抓住处置“僵尸企业”这个“牛鼻子”；2018年中央经济工作会议明确提出要“大力破除无效供给，把处置‘僵尸企业’作为重要抓手，推动化解过剩产能”；2018年政府工作报告再次强调“继续破除无效供给，加大‘僵尸企业’破产清算和重整力度”；2018年8月8日，国家发展和改革委员会等五部门联合印发《2018年降低企业杠杆率工作要点》，明确加快推动僵尸企业债务处置，降低无效杠杆，要求在2018年年底前完善僵尸企业债务处置政策体系。

同时，各省市也根据地区经济实际情况，纷纷出台了加快处置僵尸企业、助推经济转型升级的方案或意见。例如，河南省政府认为“僵尸企业”处置是国企改革的“牛鼻子”工程，因此省政府办公厅于2017年年底印发《关于省属企业处置“僵尸企业”的若干意见》，明确推动省属企业处置“僵尸企业”工作的14项“任务清单”；浙江省政府办公厅先后出台两个文件，其中《关于成立省级“僵尸企业”处置府院联动机制的通知》提出建立全国首个实质运作的破产审判省级府院联动机制，《关于加快处置“僵尸企业”的若干意见》明确解决“僵尸企业”处置过程中的“瓶颈”问题的22条精准措施；广东省政府印发了《关于全省国企出清重组“僵尸企业”促进国资结构优化的意见》等。

僵尸企业现象并不是中国独有的，美国和日本等国家较早遇到过类似的情况（Kane，1987；Hoshi and Kashyap，2004；Caballero et al.，2008）。关于僵尸企业的定义目前并不统一，大多数人认为该类企业是指经营效率低下、资不抵债、长期扭亏无望，理应在竞争条件下退出市场，却由于依靠政府补贴和银行持续信贷优惠得以维持经营、具有“僵而不死”典型特征的企业，其大量存在于产能严重过剩的行业（肖兴志等，2019）。

僵尸企业的存在会对资源配置和经济发展产生严重的危害。其依赖政府补贴和银行贷款得以在市场存续，不仅会破坏正常的市场进退机制（Caballero et al.，2008），也会引起落后企业竞相效仿的负向溢出效应，使得“僵尸借贷”得不到抑制（Jaskowski，2015）；同时，僵尸企业的大量存在会对正常企业的投资规模产生挤出效应（谭语嫣等，2017）、会对省内企业有税负扭曲影响（李旭超等，2018）、会抑制省内正常企业的就业增长（肖兴志等，2019）、会通过阻碍技术创新和恶化资源配置而危害TFP增长（李旭超和申广军，2017；王永钦等，2018），以及会通过排挤效应导致产能过剩并阻碍产业发展（Shen and Chen，2017；肖兴志和黄振国，2019）。因此，加快清理并妥善处置僵尸企业刻不容缓。

具体到僵尸企业如何有效处置，需要从两个方面着手：一是清理现有僵尸企业，实施“关、停、并、转”的现代企业破产制度，在国家与地方政策指导下做好债务处置和职工安置；二是预防僵尸企业形成，明晰中国僵尸企业的形成逻辑，尤其是正常企业僵尸化的动态过程，从制度和环境、企业行为等方面建立预防企业僵尸化的警示体系，防患于未然。因此，本书认为“精准识别”与“成因分析”是妥善处置僵尸企业的两个前提，有必要进一步开展相关研究。

1.1.2 研究目的和意义

新常态下我国经济发展已经进入调结构、稳增长，进而实现增长方式转型的新阶段。加快清理僵尸企业并有效预防企业僵尸化，是新常态下经济发展阶段淘汰落后产能与破除无效供给的重要“抓手”，而产业政策作为政府干预经济发展的重要手段，其在制定和实施过程中必然会对企业的投资决策和经营绩效产生影响。同时，考察产业政策对企业僵尸化的影响，也是对当下产业政策“有效性”争论相关研究的重要补充。因此，本书从产业政策制定和实施的三个核心环节具体分析其对企业僵尸化的影响及其作用机制具有重要的现实意义。

本书首先根据产业政策的目标导向，区分其扶持力度，考察产业政策扶持力度强弱对企业僵尸化的影响效应；其次，产业政策实施过程离不开地方官员的执行推动，而官员的行为特征又会对产业政策的预期目标效果产生干预，当然这种干预倾向或是强力执行，或是慵懒懈怠，因而出现有利有弊的效果差异；最后，回归到产业政策的制定上，中央与地方的产业政策侧重点不同，在政策传递过程中重合或偏离同样会影响到产业政策的具体实施效果。

本书的研究意义主要体现在以下几个方面：

第一，对相关文献进行了系统的梳理和述评。一方面，本书详细介绍了产业政策工具的内涵、类型与实施效果，并重点评述了产业政策实施的有效性，阐述本书产业政策评估的研究视角；另一方面，本书综述了目前僵尸企业相关研究的分类，分别从定义与识别、成因与危害等角度进行述评，指出现有研究不足与完善视角，进一步论证本书选题的必要性和贡献度。

第二，对僵尸企业识别与企业僵尸化测度的技术及视角做出一定拓展。本书不仅给出中国工业僵尸企业在识别标准上的适用性修正，以达到精准识别的目的，还根据相关企业特征指标建立起测度每个个体企业的僵尸化程度指数，这一研究视角的拓展既区别于仅仅判定该企业当年是否为僵尸企业的“一刀切”划分方式，又便于从多角度、多维度尤其是从动态演进视角对企业僵尸化过程进行研究，起到了预防警示的作用。

第三，全面分析了产业政策制定和实施的核心环节对企业僵尸化的影响。通过在中国情形下探究产业政策的扶持力度强弱、官员实施干预、央地政策传递偏差对企业僵尸化的影响，明晰僵尸企业在中国产生并存在的政策性根源，不仅丰富了产业政策的绩效评估视角，而且对如何实施有效的产业政策以及将企业僵尸化纳入动态处置进程具有重要的现实意义。

1.2 研究思路与内容安排

1.2.1 研究思路

本书研究思路的框架图如图 1-1 所示。

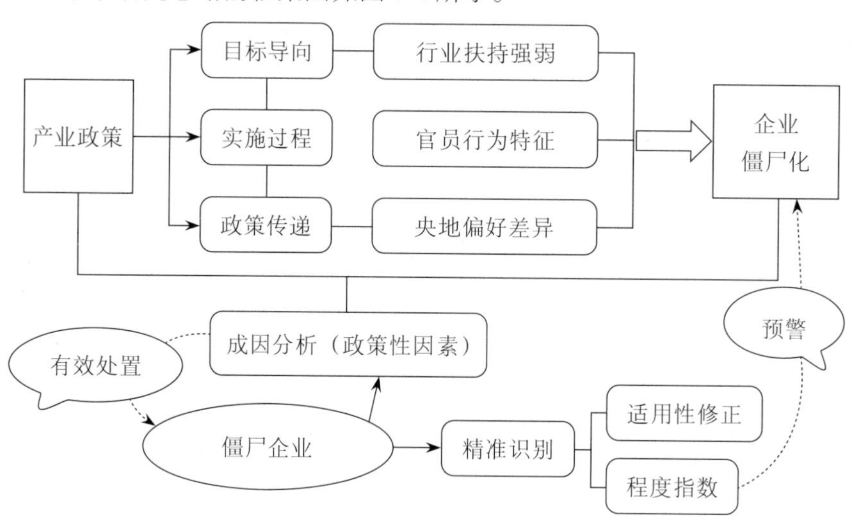

图 1-1 研究思路框架图

本书主要从产业政策制定和实施涉及的三个核心环节，即规划目标导向的行业扶持强弱、官员行为特征的实施干预以及央地政策传递的偏好差异三个视角，分析其对企业僵尸化的影响，以明晰僵尸企业形成的政策性根源，为有效处置僵尸企业并预防企业僵尸化提供参考。

在展开核心章节分析之前，离不开对僵尸企业的精准识别，本书不仅综述现有僵尸企业识别标准演进并给出中国工业僵尸企业识别的适用性修正方法，还根据僵尸企业特征指标度量出全部企业的僵尸化程度，将预防警示作用纳入僵尸企业处置的动态过程中。

在对产业政策的内涵、工具与实施效果，僵尸企业识别、成因与危害相关文献研究进行梳理与述评的基础上，本书得出产业政策对企业僵尸化的影响逻辑与基本事实，强调了本书产业政策研究视角的优势，并通过图表验证得出产业政策各个环节与企业僵尸化关系存在的特征事实，随后分章节具体展开产业政策对企业僵尸化影响的理论与实证分析。

1.2.2 内容安排

总体来说，本书共分为7章来探究产业政策对企业僵尸化的影响，分别从产业政策扶持力度强弱、官员实施干预、央地政策传递偏差等角度揭示其作用机制，给出经验事实证据，最后基于得出的结论，针对如何实施有效的产业政策、妥善处置僵尸企业并有效预防企业僵尸化提出政策启示与参考建议。

第1章绪论。基于现实问题给出本书选题背景与研究意义，介绍了本书选题依据、研究内容与思路结构，以及可能的创新点。

第2章相关概念与文献综述。总结梳理了产业政策工具的内涵特征、类型与实施效果，综述了目前僵尸企业相关研究的分类，分别从定义与识别、成因与危害等角度进行述评，指出现有研究不足与研究视角的可能拓展，进一步论证本书选题的必要性和贡献度。

第3章产业政策对企业僵尸化的影响逻辑与基本事实。首先从整体上介绍产业政策制定与实施的三个核心环节及其对企业僵尸化影响的理论逻辑，并给出本书从产业政策的扶持力度强弱、官员实施干预与央地传递偏差研究视角的优势；其次，详细介绍了本书对中国工业僵尸企业的修正识别，将企业长期成长能力纳入适用性修正条件，并对比了不同识别方法下僵尸企业的数量与比例，从地区分布、行业分布、所有制分布、是否出口分布以及动态变化等角度给出中国工业僵尸企业的特征事实，同时从企业僵尸化的动态视角入手，选取僵尸企业特征变量测度出全部企业僵尸化程度的僵尸化指数，为有效处置并积极预防提供警示作用；最后，通过图表揭示产业政策各个环节与企业僵尸化关系的特征事实，为后续章节从不同研究视角给出具体的理论分析和实证验证作基础分析。

第4章产业政策“扶持力度强弱”对企业僵尸化的影响。采用文本分析方法，以地方各省份国民经济和社会发展五年规划中重点扶持和优先发展的行业作为目标识别，并进一步地通过产业定位与所扶持行业的重视程度不同的语气词划分出扶持强弱不同的产业政策类型，通过理论假设与实证检验发现产业政策扶持力度强弱对企业僵尸化影响存在抑制和加剧的两种结果，验证该影响效应具有一定的企业所有制与是否僵尸企业的异质性，并从行业的外部融资依赖度、行业国有化程度以及行业资本密集度等行业层面分析了该效应产生影响的作用渠道。

第5章产业政策“官员实施干预”对企业僵尸化的影响。产业政策是政府调整产业结构、促进经济发展的政策工具，地方官员在发展辖区经济时必然会采用产业政策工具进行干预，因此产业政策实施对企业僵尸化的影响效果会因不同省份地方官员行为特征的不同而出现差异。在给出省级党政首长（省委书记、省长）的来源、去向、年龄、任期、更替等特征在产业政策实施对企业僵尸化效果的差异的现实逻辑基础上，将手工搜集整理的地方官员特征数据与产业政策、企业僵尸化数据相匹配，随后构建计量模型具体实证分析省委书记、省长的不同行为特征在不同产业政策实施中对企业僵尸化的影响，考察产业政策“官员实施干预”对企业僵尸化影响的差异性。

第6章产业政策“央地传递偏差”对企业僵尸化的影响。为规避地方照搬中央政策、各省之间政策相似重叠的内生性问题，以2009年为应对全球金融危机而出台十大产业振兴规划为契机，着重从中央和地方制定并实施产业政策的偏好差异，来考察其对企业僵尸化的不同影响。首先利用该事件冲击所形成的准自然实验条件，采用双重差分（DID）的研究方法，一方面探究中央产业政策对企业僵尸化的影响；另一方面结合地方“十一五”“十二五”两个五年规划文本度量地方政府对十大产业的重合偏好与扶持力度，考察二者之间的偏差会对企业僵尸化产生什么样的异质性影响。最后沿用现有文献对中央和地方五年规划产业政策传递进行了类型划分和计算Jaccard相似系数，进行了相关结论的稳健性分析。

第7章为本书的结论部分，包括研究结论、政策启示与研究展望三个方面。

1.3 可能创新点

（1）在僵尸企业的识别方法上，提出“企业长期成长能力标准”，为精准识别出中国情形下的僵尸企业进行了适用性修正。同时提出应将企业僵尸化纳入动态处置与预防过程的新视角，选取僵尸企业特征变量度量出全部企业僵尸化程度的僵尸化指数，为有效处置并积极预防发挥警示作用。

（2）根据产业政策目录中产业定位与所扶持行业的重视程度不同的语气词，对产业政策进行了扶持强弱不同的类型划分，拓展了产业政策目标导向的效果评估思路，为政府如何根据扶持力度的把控而制定出科学合理的产业政策提供借鉴。

（3）基于省级地方官员的来源、去向、年龄、任期、更替等多角度行为特征，将产业政策“官员实施干预”纳入对企业僵尸化影响的分析中，能够更为准确及全面地评估产业政策实施的影响效应，同时对于如何规避官员实施的负面干预，尤其是确保产业政策执行的连续性提供重要参考。

（4）以十大产业振兴规划为政策契机，丰富了现有央地政策传递的研究，不仅有效避免了央地政策制定与传递的内生性问题，为研究央地政策传递偏差提供了一个很好的思路，而且验证了地方省级重点产业政策的制定效仿中央政策现象的存在性及其危害，对地方脱离本地实际、盲目效仿中央的政策放大效应提出警示。

2　相关概念与文献综述

2.1　产业政策的内涵、工具与实施效果

2.1.1　产业政策的内涵特征

产业政策是一系列调节和促进产业发展的政策机制和制度安排的总和（周振华，1990），其本质上是政府为加强宏观调控、弥补市场缺陷以优化社会资源配置的政策工具。不同国家根据本国的经济发展状况，特别是产业发展现状与潜力优势，通过对特定的产业进行调控、指导和干预，可以达到保护本地民族产业成长、发挥后发优势、增强适应能力的目标。因此，产业政策在发达国家与发展中国家都普遍得到了重视。

产业政策的思想可以追溯到17世纪英国的贸易“重商主义”和产业保护政策，随后18世纪后期美国财政部长亚历山大·汉密尔顿提出的国家扶持制造业发展措施，以及19世纪初李斯特系统阐述并推崇的德国应实行保护主义政策以促进本国生产力提高等理论学说不断完善产业政策

相关思想（陈永清等，2016），而直到20世纪60年代，“产业政策”这一名词才在法国和日本正式使用。以第二次世界大战后日本的跳跃式发展为典型代表的“东亚奇迹”或东亚模式，在全球范围引起强烈关注。中国自20世纪80年代末开始借鉴日本并制定实施产业政策，以此推动计划经济体制向市场经济体制的转型（江飞涛和李晓萍，2018a）。

相关学者根据产业政策的内涵与特征，普遍将产业政策分为纵向的、选择性产业政策（selective industrial policy）和横向的、功能性产业政策（functional industrial policy）两种类型（Lall，2001；邵敏和包群，2012；张莉等，2017）。

江飞涛和李晓萍（2018b）对两类产业政策的特点与作用进行了详细说明，认为选择性产业政策主要是指第二次世界大战后日本和韩国等东亚国家或地区曾实施的干预性产业政策，该类产业政策实施的主要手段是对市场进入、产品价格、生产要素配置与要素价格、投资等经济活动进行直接或间接的干预，此时政府处于主导性的地位，在微观经济运行中政府发挥的驾驭作用要强于甚至能替代市场自发运行机制。但是，20世纪80年代以来，越来越多的政府机构和相关学者认为选择性产业政策存在着严重缺陷，而功能性产业政策在促进产业创新发展、结构演进与竞争力提升方面的作用使得产业政策的内涵和实践外延发生了转变（李晓萍和罗俊，2017）。政府通过实施功能性产业政策，可以通过完善市场制度、改善营商环境、维护公平竞争、支持产业技术的创新与扩散等方式为产业发展提供引导、支持与帮扶，既避免了选择性产业政策中政府替代市场的弊端，又充分发挥政府的指引作用，使得政府与市场形成互补与协同的良性关系。

对于当前中国而言，构建功能型产业政策，就是要从政府替代市场、干预市场的政策模式转到增进与扩展市场、弥补市场不足的政策模式上来。因此，产业发展与转型升级过程中面临的诸多问题，看似“市场失灵”，实则是市场制度不健全和政府广泛干预微观经济的结果（江飞涛和李晓萍，2016）。

此外，根据产业政策实施的内容，中国的产业政策可以划分为产业结构政策、产业组织政策、产业技术政策以及产业布局政策等类型（陈世清，2011；李晓萍和江飞涛，2018；冯飞鹏，2018）。具体而言，产业结构政策根据本国经济发展现状选择一定时期的主导产业部门，以此带动国民经济的整体发展，进而实现产业结构的调整升级；产业组织政策选择能够使得资源有效合理配置的产业组织形式，为形成公平有效的市场竞争环境创造条件；产业技术政策则是为加强关键核心技术研发，提高企业创新设计能力与技术改造而制定的产业政策；产业布局政策主要着力于重点行业布局规划以及尽可能缩小区域间经济发展水平的差距。各类政策之间相互联系与交叉，而产业结构政策则在整个产业政策体系中居于核心地位，其他产业政策类型体现在产业结构调整或产业结构政策中。

2.1.2 产业政策的主要工具

如前所述，产业政策包括选择性产业政策与功能性产业政策，其区别在于在发挥市场在资源配置中基础作用的同时，政府在产业引导与经济发展中的地位与作用强度不同。具体到中国产业政策实施的类型与主要政策工具，政府制定出台产业政策在目录指导、投资项目核准与审批、市场准入、强制性清理或淘汰落后产能、财政补贴、税收优惠、政策性贷款以及政府采购等直接行政性干预方面的措施较多且进一步被强化（江飞涛和李晓萍，2010）。

①目录指导是当前中国产业政策中具有强烈直接干预市场性质的政策措施。政府制定产业政策目录，其指导作用并不是简单列示一些扶持的行业，而是会直接对被扶持行业给予税收优惠、土地优惠政策、信贷获取与财政补贴，以及为项目审核与批准等提供政策倾斜。《当前国家重点鼓励发展的产业、产品和技术目录》（2000年修订）、《当前优先发展的高技术产业化重点领域指南（2007年度）》等产业政策制定了鼓励类的指导目录；《淘汰落后生产能力、工艺和产品的目录（第三批）》（2002年）则是产业政策中淘汰类的指导目录；《产业结构调整指导目录（2019年本）》则是进一步细分了鼓励类、限制类和淘汰类指导目录的产业政策。

②投资核准与审批、市场准入是中国扶持特定行业发展而实施的产

业政策中比较有约束力的两种常用政策工具。《国务院关于投资体制改革的决定》（国发〔2004〕20号）与《企业投资项目核准与备案管理办法》是作为产业政策投资核准与审批的重要工具，为政策执行部门审核和管理产业内企业投资提供了明确依据。此外，投资核准与审批、市场准入的产业政策工具也会出现在某一特定行业发展规划中，比如《钢铁产业发展政策》和《汽车产业发展政策》。江飞涛等（2012）、江飞涛和李晓萍（2015）认为，投资核准是严控土地和贷款的主要依据，同时进一步指出，符合投资核准条件和市场准入条件的企业也并不必然会被政策执行部门准入或者核准，原因在于政策执行部门在实施这两种政策工具时具有较大的自由裁量权，其在实质上更接近于审批。

③强制性清理或淘汰落后产能是当前中国产业政策的一种重要工具。《国务院关于加快推进产能过剩行业结构调整的通知》（国发〔2006〕11号）、《国务院批转发展改革委等部门关于抑制部分行业产能过剩和重复建设引导产业健康发展若干意见的通知》（国发〔2009〕38号）等产业政策指导文件，致力于产能过剩行业内落后产能与重复建设的淘汰清理，促进目标行业的健康良性发展，达到去产能与产业升级的目的。

④财政补贴、税收优惠、政策性贷款与政府采购是政府实施产业政策的直接工具。财政补贴的应用十分广泛，包括投资补贴、研发补贴、技术改造贷款贴息、环境保护投资补贴、产能退出奖励补贴等多种类型，如2016年中央政府拿出1 000亿元“去产能”财政专项奖补资金等；税收优惠与财政补贴较为类似，包括对投资、鼓励出口、鼓励企业改进技术、研发、环保投入以及对小微企业的税收优惠等；政策性贷款主要面向鼓励出口的行业企业、海外投资企业、基础设施项目与基础产业等；政府采购则是通过中央和地方各级政府部门大规模采购绿色节能产品与引进新产品新技术来扶持相应产业的发展。

当然，很多时候中国产业政策的实施工具并不是单一的，而是多种工具措施交叉并行的，虽然各自政策目标不同，但是扶持特定产业发展、促进产业结构优化升级，发挥政府优化要素资源配置的产业政策内涵不变（陈冬华等，2010）。

2.1.3 产业政策实施的有效性

2016年11月，林毅夫与张维迎的“产业政策思辨”引起了社会各界的广泛关注，不仅再次引发对“政府”与“市场”边界及作用的讨论，更是对产业政策实施有效性和制定合理性的思考。关于中国产业政策的作用效果，学者们主要有两方面观点：一种是强调产业政策的有效性和必要性；另一种则是质疑产业政策的有效性，关注其产生的弊端与负面扭曲作用。

支持产业政策实施必要性的理论依据主要是“市场失灵论”。相关学者认为，由于市场本身存在信息外部性和协调失灵，不完美市场导致资源配置扭曲，制约了地区经济发展，而政府可以通过产业政策的实施弥补市场失灵可能导致的效率损失，政府干预可以更好地发挥市场的作用。而且由于政府相对而言具有一定的信息优势，因此更容易选择出本国或本地区内具有比较优势或潜在比较优势的产业，从而加快产业结构优化升级（Rodrik，1996；林毅夫，2017）。

反对产业政策的学者们则认为，市场机制可以自发地实现资源的优化配置，从而达到产业结构优化和产业经济发展。政府实施产业政策无效性的原因可能有：一是政府在制定产业政策时会存在信息不足与实施能力不足的问题，比如政府官员缺乏企业家对于市场环境的独特敏锐性和投资决心；二是政府在干预市场经济过程中会出现寻租问题，政府行为主体被利益集团俘获的可能性会进一步导致资源配置的扭曲。

关于产业政策必要性的争论，学者们逐渐达成共识，认为产业政策的关键在于如何合适地制定并有效地实施，即侧重于关注其实施有效性方面。正如Aghion et al.（2012）研究发现产业政策的实施在竞争行业或者扶持机会对企业而言均等化则是有利的，因此现在的问题已不再是是否需要产业政策，而是如何科学设计产业政策和有效实施产业政策，以最大限度提升产业政策效果。相关学者认为应该一分为二地评价产业政策的实施效果，顾昕和张建君（2014）认为产业政策的制定与实施应该着力于如何能以“市场强化型”的方式弥补市场不足、矫正市场失灵；江小涓（2014）提出对于目标清楚、可以量化的产业政策，可以通过实施效果与预期目标的比较进行判别，而对于目标不甚清晰的产业政策，则很难用“好”或者“坏”来评论。与此同时，王君和周振（2017）认为当下中国产业政策研究不能过度关注政策有效性的论证，而强调产业政策实施遵循市场机制作用规律，产业政策转型研究要与经济发展等宏观背景相结合。

韩永辉等（2017）研究了产业政策与地方产业结构优化升级的关系，发现产业政策的出台与实施显著促进了地区产业结构合理化和高度化，但是这一作用依赖于地方市场化程度并取决于地方政府的能力；Aghion et al.（2012）利用1998—2007年中国工业企业微观数据库，实证检验了促进企业间竞争的产业政策能够带来企业生产率的提高；王克敏等（2017）研究了产业政策、政府支持与企业投资效率的关系，发现受产业政策鼓励且在省委书记或省长任期较长条件下的企业在资源获取方面有更大的优势，由此导致过度投资严重、投资效率偏低的结果，为产业政策实施的负面效应研究提供了证据；马壮等（2016）基于企业样本数据，研究发现产业政策会降低企业资本配置效率，导致资源错配，而且政府与市场的关系影响产业政策的实施效果，认为大水漫灌式的产业政策是低效的，产业政策的重点应该是帮助企业获得自生能力；Criscuolo et al.（2019）考察产业政策的因果效应，实证发现对于有资格获得更高补贴的地区，产业政策增加了投资和就业，但是并没有提高全要素生产率；韩乾和洪永淼（2014）研究发现如果政府真正想要扶持的企业得不到金融市场的长期稳定支持，产业政策的实施虽然能够在短期内为投资者带来高收益，但从中长期来看其对企业收益率的积极作用则会消失，产业政策有效性不可持续；江飞涛和曹建海（2009）研究认为体制扭曲下地方政府的不当干预是导致企业过度投资、产能过剩和行业重复建设的主要原因，其作用机制是政府不当干预会通过成本外部化效应、投资补贴效应和风险外部化效应扭曲微观企业的投资行为。

学者们从各种角度研究了产业政策实施的有效性，然而鲜有从五年规划重点产业政策实施角度分析对企业僵尸化的影响。从重点产业政策实施视角，分析政府行为在僵尸企业的形成和治理中扮演的“角色”和作用显得非常必要，因为政府出于促增长和保就业的政策目标，而具有干预经济的内在冲动，过度投资导致产能过剩和僵尸企业形成（何帆和朱鹤，2016）。

2.2 僵尸企业的定义与识别

2.2.1 僵尸企业的特征属性

僵尸企业现象并不是中国独有的，美国和日本等国家较早遇到过类似的情况。20世纪80年代，美国的汽车业、航空业就开始出现僵尸企业，使得美国经济爆发出严重危机（Wessel and Carey，2005）；90年代，因日本银行给即将倒闭的僵尸企业提供“僵尸借贷”，导致信贷资本严重错误配置，造成日本经济的长期停滞与衰退。此外，欧债危机爆发后的欧盟国家也出现了僵尸企业的问题（Bruche and Llobet，2014）；Papava（2010）分析发现僵尸企业不仅会出现在发达国家，处于转型时期的社会主义国家也会产生。

学术界对僵尸企业的关注研究始于20世纪80年代。Kane（1987）首次将僵尸企业定义为“缺乏盈利能力却获得源源不断的信贷优惠支持”的企业，认为对僵尸企业不加节制的信贷支持，导致信贷资源的错配与严重浪费，是导致日本经济停滞20年的重要影响因素（Hoshi and Kashyap，2004；Ahearne and Shinada，2005；Jaskowski，2015）；Hoshi（2006）和Kim（2012）则将僵尸企业定义为因企业低盈利水平而理应在正常竞争市场环境下被淘汰的，但是因债权人或放贷者的支持与帮助而依然得以在市场中存在的企业类型；Okamura（2011）则将僵尸企业界定为，在银行资本金不足的情况下能够继续获得贷款，但是在银行资本金状况较好时会被银行要求破产的那些陷入财务困境的企业；朱舜楠和陈琛（2016）认为僵尸企业是指那些没有竞争力和盈利能力，低效占用资源，完全靠政府“输血”和银行贷款得以存活的企业。

关于僵尸企业的定义，虽然目前并无统一定论，但大多认为该类企业是指经济效益不佳、资不抵债、长期扭亏无望，理应在竞争条件下退出市场，却由于依靠政府补贴和银行续贷得以维持经营、“僵而不死”

的企业，尤其是大量存在于产能严重过剩的行业。这类企业自身缺乏盈利能力却能够以低于市场最优利率成本获得信贷资源，依靠外界政府的过度保护和银行的大量放贷，其存续违背了市场进入退出的规律，不仅造成资源的大量损耗，还扭曲了行业资源配置效率，造成经济效益下降的影响（高建来和李美辰，2018；肖兴志等，2019；孙博文等，2019；廖信林等，2019；蒋凡，2019）。

从僵尸企业的基本定义可以看出该类企业的属性与特征。僵尸企业的典型特征是“僵而不死”，“僵”是指企业面临着“没有利润、资不抵债”的现状，“不死”是因为能够获得银行部门持续信贷“输血”（Kane，1987；Hoshi and Kashyap，2004；Ahearne and Shinada，2005；Jaskowski，2015；申广军，2016）。刘奎甫和茅宁（2016）总结发现“陷入财务危机”和“债权人继续提供借贷”是理解“僵尸企业”内涵的基本条件；银行是“僵尸企业”形成的主要元凶，政府也起到了推波助澜的作用；熊兵（2016）认为僵尸企业具有明显的长期性、依赖性、非市场性以及复杂性的特点；周琎等（2018）概括僵尸企业具有盈利性差、负债率高和吸血性三个特征。因此，“负债高”、“利润低”和“吸血性”被研究者们普遍认定为僵尸企业的基本特征，并在实证分析中作为僵尸企业识别的指标（肖兴志等，2019）。

2.2.2 僵尸企业的识别标准演变

妥善处置“僵尸企业”的前提是对其实现“精准识别”，很多研究学者基于国内外僵尸企业的研究对各类识别方法进行了应用与修正，刘奎甫和茅宁（2016）对国外僵尸企业的研究做了一个很好的综述，就僵尸企业的识别而言，应用比较广泛的标准有国家部委标准、CHK标准、FN-CHK标准以及FN-CHK标准的各类修正方法。

（1）国家部委标准

2015年12月9日，时任国务院总理李克强在国务院常务会议上首次对僵尸企业提出了具体的清理标准，即“要对持续亏损3年以上且不符合结构调整方向的企业采取资产重组、产权转让、关闭破产等方式予以‘出清’”。国务院及相关部委出台了一系列僵尸企业识别的严格标准，其中国务院指出“不符合国家能耗、环保、质量、安全等标准，持续亏损三年以上且不符合结构调整方向”的僵尸企业标准（朱舜楠和陈琛，2016），工信部则提出僵尸企业是“已停产、半停产、连年亏损、资不抵债，主要靠政府补贴和银行续贷维持经营的企业”的识别标准。

一般而言，由于上市公司连续亏损三年必须退市的要求，相关官方标准难以涵盖上市公司僵尸企业的识别。此外，相关部门还出台了一系列的环保、安全等识别标准，但因为“管制俘获”问题而导致操作空间有限（Stigler，1971；Peltzmanm，1976）。国务院提出的“持续亏损三年”标准具有一定的局限性，未能将僵尸企业“低于市场利率水平、低价信贷资源”这两个特征考虑进来，造成僵尸企业数量的估计偏误（谭语嫣等，2016）；董登新（2012）提出了“净资产连续三年跌破一元面值”“扣除非经常性损益之后，每股收益连续三年为负”这两个标准，考虑到了政府补贴、税费返还等因素，剔除企业经营活动外的非经常性损益，反映了企业的真实情况。

（2）CHK标准

Caballero et al.（2008）、Hoshi（2006）以及 Fukuda and Nakamura（2011）以企业是否存在银行信贷补贴作为认定僵尸企业的标准，并据此构建了卡巴雷罗-豪什-卡施亚普模型（Caballero-Hoshi-Kashyap模型，简称CHK模型）。

CHK模型提出了以计算利息支付下限$R^*_{i,t}$为基础的识别“僵尸企业”的模型（公式2-1），将$R^*_{i,t}$与实际利息支出$R_{i,t}$进行比较，当企业的实际利息支出$R_{i,t}$小于利息支付下限$R^*_{i,t}$时，意味着企业接受了银行资金信贷优惠援助，理应被识别为僵尸企业，公式中$BS_{i,t}$和$BL_{i,t}$分别是企业i在t年的短期负债与长期负债水平，rs_t和rl_t为t年短期与长期平均最低利率，由此可计算出企业获得市场最低优惠利率时所支付的利息，若企业实际支付的利息$R_{i,t}$小于$R^*_{i,t}$，则差值的绝对值代表企业i获得的信贷补贴数额，则企业被识别为僵尸企业。

$$R^*_{i,t} = rs_{t-1} \times BS_{i,t-1} + (\frac{1}{5}\sum_{j=1}^{5} rl_{t-j}) \times BL_{i,t-1} \qquad (2-1)$$

但CHK标准的问题在于，在计算信贷补贴的过程中仅考虑了利息的支出项，而忽视了利息收入项，因此高估了企业的真实利息支出，进而低估了信贷补贴和僵尸企业的数量。这一点在后来的研究中得到了修正，比如谭语嫣等（2016）计算的企业利息收入表达式为：企业的利息收入=（流动资产-应收账款-存货）×市场利率，基于此计算公式对企业的实际利息支出进行了修正。CHK标准的局限还体现在，单一的银行信贷补贴标准并不能反映企业的真实僵尸属性，因为接受银行信贷补贴仅仅是企业僵尸化的必要而不充分条件，原因在于，优惠利率并不仅仅存在于僵尸企业之中，一些初创型与研发效率较高的企业往往能够依托组织网络以及社会资源、政商关系等因素获得一定的补贴支持，但若据此标准判断成长型企业的僵尸化，容易对获得优惠利率贷款的优质企业产生误判，导致“僵尸企业”数量的高估（Lin，2014）；另外，一些“僵尸企业”虽然没有获得优惠利率，却因为各种原因而获得了持续的信贷支持，进而成为“僵尸企业”标准识别的“漏网之鱼”（Fukuda and Nakamura，2011）。除此之外，在中国的实践应用层面，CHK标准还忽视了中国的政府干预所带来的可转债利率远远低于其他债券利率的事实，造成“利息支付下限”的低估，进而导致“僵尸企业”数量低估（周琎等，2018）。因此，周琎等（2018）利用企业各种未清偿债券的具体利率计算利息支付下限对信贷补贴标准进行了调整。

（3）FN-CHK标准及修正

鉴于CHK通过单一信贷补贴标准识别僵尸企业的局限性，而且非上市企业缺乏贷款和利率指标，Fukuda and Nakamura（2011）对Caballero et al.（2008）的CHK标准进行了修正，将引入“利润原则”（profit criterion）以及“常青贷款原则”（evergreen lending criterion）的标准称为FN-CHK标准。“利润原则”的核心是将信贷补贴或者政府补贴因素作为企业利润计算的扣除项而重新估算企业的实际利润，因此也可称为“真实利润原则”；而“常青贷款原则”则是指企业资产负债率高于50%且连续增加。FN-CHK标准认为，在CHK的“信贷补贴”的标准基础上，只有进一步同时满足“真实利润原则”和“常青贷款原则”的企业才能被识别为“僵尸企业”。

后续的学者基本上都是基于FN-CHK标准的修正对僵尸企业进行识

别，包括真实利润指标计算口径的调整、平滑利润的统计处理、利润的连续性价值、财务负债率标准调整等方面。

①FN-CHK标准中“利润原则”修正。企业利润的处理集中在是否将各类补贴、非经常性损益等引入利润计算中，以及是否采用动态化的方法对利润进行处理。具体地，张栋（2016）针对钢铁行业企业，采用扣除“非经常性损益后利润为负”以及“加上政府补贴净利润为正”作为利润计算的修正标准，从而识别出通过政府补助存活的企业；Imai（2016）认为采用一年的利润进行以上判断并不科学，因为经营的波动性会导致对“僵尸企业”识别的误判，因此对FN-CHK标准中的盈利性标准进行了调整，考察了连续T+1时期税前利润与最低应付利息差额（利息支付下限-实际支付利息）；周琎等（2018）除了利用企业各种未清偿债券的具体利率计算利息支付下限$R^*_{i,t}$，使用扣除非经常性损益后的净利润（NAGL）作为盈利指标，替代FN-CHK模型中使用EBIT的做法之外，还借鉴张栋（2016）的做法，将“政府补贴”因素纳入识别体系，使用了“政府补贴/净利润”的指标，计算了最低利息保障倍数等于企业息税前利润（EBIT）与利息支付下限$R^*_{i,t}$的比值，并且认为如果企业满足“最低利息保障倍数<1，资产负债率>50%，t年贷款高于t-1年”，那么将被定义为“常青贷款”企业。但该模型仅仅根据某一年度的情况来识别僵尸企业，不具有动态性，与僵尸企业的长期吸血特征不相符。进一步地，中国人民大学国家发展与战略研究院标准认为，只有企业在t-1和t年都被识别为僵尸企业，那么在t年企业才能够被定义为僵尸企业（聂辉华等，2016）。申广军（2016）强调，政府补贴与税收返还因素对僵尸企业的“真实利润”计算的影响不可忽视，否则僵尸企业数量会被低估，并进一步认为企业可以通过财政补贴、税收返还或者其他经常性损益等方式获得正的利润，所以企业的账面利润无法反映真实的企业盈利能力，实际利润的计算应当将非经营性收入项目扣除，所以企业的实际利润应当为账面利润和非经营性收入的差值，并进一步严格化利润连续为负的条件为“实际利润连续3年为负值”。黄少卿和陈彦（2017）尝试区分信贷补贴、政府补贴对真实利润的影响，会计上的区别在于，扣除政府补贴相当于从营业外收入中减去政府补贴收入，而扣除信贷补贴

则意味着补足财务费用中计算不足的银行利息。但他们也同时指出，实际操作中，信贷补贴和政府补贴难以有效区分，因为信贷机构一般会在政策指导下执行相关企业或者纳税大户的补贴政策，政府补贴会以信贷补贴或者贷款贴息的方式呈现。从真实利润的动态连续性来看，选择"扣除政府补贴或者信贷补贴之后实际利润连续若干年为负作为识别僵尸企业的条件"较为常见（朱舜华和陈琛，2016；聂辉华等，2016），但会忽视企业利润"连续微弱为正"的情况，导致僵尸企业的低估。黄少卿和陈彦（2017）沿用了Imai（2016）的修正方法，采用"平滑利润"均值作为企业当年利润的代理变量，能够有效避免企业因为短期利润波动因素而被识别为僵尸企业的"误判"。谭语嫣等（2016）认为企业的利润总额包含了当年的非经常性损益，导致实际发生亏损的僵尸企业因为获得政策性补贴而显示正的账面利润或利润总额，经常被误判为非僵尸企业，并进一步采用营业利润替代利润总额的方法进行了修正。

② FN-CHK的"常青贷款原则"的修正。"常青贷款原则"（evergreen lending criterion）是指"资产负债率高于50%且连续增加"。在FN-CHK的"常青贷款原则"的修正方面，Kwon et al.（2015）提出了放松企业资产负债率超过50%的条件，仅考虑企业t时期的债务是否高于t-1时期的债务的标准。这一点也比较容易理解，因为在中国，由于金融制度不够完善，银行倾向于对因资金周转问题无法按时偿还贷款的企业进行利息展期，而非提供新的贷款（林毅夫等，2004），容易忽视企业的真实债务增加，使得放松企业资产负债率高于50%这一严格约束的结果误差并不高。此外，企业支付的最低利息是基于滞后一年的贷款额度计算的，盈利能力较强的企业拥有较为充足的流动性而倾向于提前偿还贷款，导致企业实际支出的利息水平有所下降和信贷补贴的高估，进而僵尸企业的估计数量要高于真实水平，所以采用前后两年企业负债平均水平替代滞后期负债水平不失为一种计算"最低利息支出"以及"常青贷款原则"的良好改进方法（谭语嫣等，2016）。在"常青贷款原则"的改进方面，王万珺和刘小玄（2018）识别的核心是企业的现金流状况，参考Guariglia et al.（2011）的方法，计算现金流=利润总额-所得税+当期折旧+利息支付以及计算当期流动负债流量=流动负债$_{(t)}$-流动负

债$_{(t-1)}$，并进一步将现金流小于流动负债的企业识别为僵尸企业。

③FN-CHK方法的进一步拓展修正。除了CHK标准、FN-CHK标准以及FN-CHK（修正）标准之外，还有相关研究基于反映企业经营绩效的指标对FN-CHK标准进行了拓展性的修正。聂辉华（2016）提出了FN-CHK修正方法的“中国人民大学国家发展与战略研究院标准”，认为企业需要连续两年满足FN-CHK标准，经历了T-1年和T年两个时期，那么在第T年才可以称之为“僵尸企业”。Hoshi and Kim（2012）基于韩国数据的研究，将财务费率（财务费用/销售收入）纳入僵尸企业的识别体系，财务费率的筛选能够避免FN-CHK方法对优质企业的误判。赵彦雯（2016）将企业营业收入以及包含半停产、完全停产等生产状态作为僵尸企业识别与分类的重要依据。黄少卿和陈彦（2017）除了考虑企业多年期的平滑盈利状况，以避免僵尸企业在某一个年份的偶然盈利而出现将其排除的错误之外，还在分类上根据资产负债率条件，将股东继续保留剩余控制权的僵尸企业与必须进入破产程序的僵尸企业区别开来，排除了“连续三年净资产增加”的企业误判。栾甫贵和刘梅（2018）则构建了包含造血功能、输血标准、时间标准三个一级指标，以及盈利能力、偿债能力、营运能力、发展能力、输血程度、银行贴息程度、会持续亏损程度、输血依赖程度八个二级指标在内的僵尸企业指数评价体系，拓展了FN-CHK修正标准的研究方向。

2.2.3 不同识别标准的总结与述评

总体来看，僵尸企业的识别方法主要有国家部委标准、CHK标准、FN-CHK标准以及各类FN-CHK修正标准等，CHK标准的核心是看企业是否接受信贷补贴，FN-CHK标准包含“真实利润原则”以及“常青贷款原则”，而相关的FN-CHK修正方法大部分都是对以上两类标准的进一步修正，本书统称为FN-CHK（修）。

表2-1对僵尸企业不同识别标准的类别和内容进行了梳理与评价，以方便清晰对比与文献检索。为了节约篇幅，本书分别将信贷补贴原则、真实利润原则以及常青贷款原则分别称为C原则、P原则以及E原则，而将其他财务指标修正判断的指标称为N原则。

表2-1 僵尸企业不同识别标准的类别和内容

标准类别	标准来源	标准思路	修正原则	改进之处与局限性评价
国务院标准；工信部标准	官方标准	国务院标准：不符合国家能耗、环保、质量、安全等标准，持续亏损三年以上且不符合结构调整方向； 工信部标准：已停产、半停产、连年亏损、资不抵债，主要靠政府补贴和银行续贷维持经营的企业	P	上市公司连续亏损三年必须退市，标准难以涵盖上市公司的僵尸企业；环保、安全等标准可能被企业所利用，形成“管制俘获”（Stigler，1971；Peltzmanm，1976）
CHK标准	Caballero et al.（2008）	步骤为：（1）通过企业贷款、信贷发行的数据确定贷款利率和债券利率的最低市场价格； （2）利用企业年末有息贷款余额和第一步所确定的最低利率，计算企业理论最低利息支出额； （3）对比企业实际利息支出与理论支出的差额，确定企业是否接受补贴性信贷支持	C	优惠利率不仅存在于僵尸企业之中，容易对获得优惠利率贷款的优质企业产生误判，高估僵尸企业数量；此外，部分僵尸企业虽然没有获得优惠利率，但获得了各种各样的信贷支持，成为僵尸企业识别的“漏网之鱼”（Fukuda and Nakamura，2011）
FN-CHK标准	Caballero et al.（2008）；Fukuda and Nakamura（2011）；Nakamura and Fukuda（2013）	在CHK标准的基础上，FN-CHK标准将“真实利润原则”与“常青贷款原则”引入僵尸企业的识别体系：“真实利润原则”是指企业的真实利润等于利润总额与信贷补贴、政府补贴的差值；“常青贷款原则”是指资产负债率高于50%且连续增加	P & E	“真实利润原则”将信贷补贴或者政府补贴因素纳入企业实际利润的计算中，避免遗漏各类补贴后而高估企业利润，进而低估了僵尸企业数量，提高了僵尸企业识别的科学性；“常青贷款原则”将企业财务杠杆率加入僵尸企业的识别中，提高了僵尸企业识别的科学性。但根据一年数据而进行判断的盈利标准不科学

续表

标准类别	标准来源	标准思路	修正原则	改进之处与局限性评价
FN-CHK（修）	Hoshi and Kim（2012）	纳入财务费用率指标（财务费用/销售收入）	N	减少对高财务率的优质企业误判
CHK修正	Kwon et al.（2015）	实际利息支出低于利息支付下限；企业债务是否有所增长；基于营业利润与理论利息支持之间的关系判断是否偿付问题	E	CHK的标准过于严苛，因此放松了企业资产负债率超过50%的条件
FN-CHK（修）	聂辉华（2016）	企业需要连续两年满足FN-CHK标准，经历了t-1年和t年两个时期，那么在第t年才可以称为“僵尸企业”	N	相对于官方标准和学界流行的CHK标准，这一方法能够较好地减少僵尸企业识别过程中的“漏网之鱼”，又可减少“误伤”
FN-CHK（修）	申广军（2016）	基于FN-CHK标准“真实利润原则”对企业盈利能力和实际利润进行了修正：第一，真实利润=企业利润-补贴收入（含营业外收入）；第二，严格的实际利润计算。真实利润=营业利润=企业利润-营业外收入（补贴收入+其他非经常性活动收入）	P	利用“实际利润法”和“过度惜贷法”对金融危机以来中国的僵尸企业进行识别政府补贴与税收返还对僵尸企业的影响，否则就会造成僵尸企业数量的低估
FN-CHK（修）	谭语嫣等（2016）	基于FN-CHK标准进行了修正，僵尸企业的识别标准为：参考Fukuda and Nakamura（2011）的方法，如果企业满足“息税前利润小于最小利息净支出、资产负债率超过50%、t期负债高于t-1期”三个条件，则认定企业在t期为僵尸企业；采用前后两年平均的企业负债水平替代滞后期的负债水平进行僵尸企业的测算；采用营业利润替代利润总额	E & P	高利润企业可能提前还款使得利息支出减少。基准方法中，最低利息是基于上一年的贷款额计算的，导致企业被误判为僵尸企业，采用前后两年平均的企业负债水平替代滞后期的负债水平进行僵尸企业的测算能够避免这一问题；采用营业利润替代利润总额能够在一定程度上反映出企业当年的非经常性损益

续表

标准类别	标准来源	标准思路	修正原则	改进之处与局限性评价
FN-CHK（修）	Imai（2016）	对FN-CHK识别法中的盈利性标准进行了调整，考察连续t+1时期税前利润与最低应付利息差额的整体情况	P	避免僵尸企业在某一个年份的偶然盈利而出现将其排除的错误
CHK修正	张栋（2016）	引入扣除政府补助后的净利润；考虑到僵尸企业的动态演化特征，以5年作为考察年度反映僵尸企业的变化趋势；引入僵尸企业认定的模糊集函数	C & P	利用模糊集函数来认定企业僵尸性的优点在于，它不是仅仅根据企业“是否”接受利息补贴（存在性）来判定，而是考虑了接受银行利息补贴“多少”的问题
FN-CHK（修）	黄少卿和陈彦（2017）	没有选择“扣除政府补贴和（或）信贷补贴之后实际利润连续若干年为负”作为识别僵尸企业的条件，参考Imai（2016）的修正方法，用连续若干年的实际利润之和进行平滑；在考虑了政府补贴的影响后，根据资产负债率条件，将股东继续保留剩余控制权的僵尸企业，与必须进入破产程序的僵尸企业区别开	P	考虑企业多年期的盈利状况，以避免僵尸企业在某一个年份的偶然盈利而出现将其排除的错误（Imai，2016）；考虑到创业型企业在初期由于尚未盈利而容易被误识为僵尸企业，增加了净资产连续增长的修正条件
FN-CHK（修）	蒋灵多和陆毅（2017）；蒋灵多等（2018）	在FN-CHK修正方法的基础上，将政府补贴因素纳入考虑范围，僵尸企业满足的标准为：企业在t期的利率差为负；企业在t期扣除补贴收入之后的息税前收入低于CHK方法中的最低应付利息；企业在t-1期的负债资产比高于50%，且企业在t期的负债较t-1期有所增加；企业在t-1期与t期均被认定为僵尸企业	P	在FN-CHK修正方法基础上，对盈利标准进行完善，将政府补贴因素纳入考虑范围

续表

标准类别	标准来源	标准思路	修正原则	改进之处与局限性评价
FN-CHK（修）	周琎等（2018）	对FN-CHK标准进行了改进：使用扣除非经常性损益后的净利润（NAGL）作为盈利指标，替代FN-CHK模型中使用EBIT的做法；将政府补贴因素纳入识别体系，使用了“政府补贴/净利润”的指标；计算了最低利息保障倍数=企业息税前利润（EBIT）/利息支付下限$R^*_{I,t}$，最低利息保障倍数<1的企业将被识别为僵尸企业	P	根据利息补贴、政府补贴、常青贷款等标准将僵尸企业根据严重程度而划分为六种类型
FN-CHK（修）	王万珺和刘小玄（2018）	识别的核心是企业的现金流状况：参考Guariglia et al.（2011）的方法，计算现金流=利润总额-所得税+当期折旧+利息支付；计算当期流动负债流量=流动负债$_{(t)}$-流动负债$_{(t-1)}$，现金流小于流动负债的企业被识别为僵尸企业；此外，还进一步剔除了容易陷入盈利性和现金流不足困境的成立时间不足3年的新生企业；利润层面，采用营业利润替代利润总额	E	国内僵尸企业的生存主要依赖持续滚动的借新债还旧债的路径，提出了基于实际利润法和基于现金流的“偿债能力法”对僵尸企业进行识别
FN-CHK（修）	王守坤（2018）	企业满足扣除政府和银行各类补贴之后，连续2年或者3年的实际利润之和为负	P	避免僵尸企业在某一个年份的偶然盈利而出现将其排除的错误（Imai，2016）

资料来源：本书整理所得。

此外，在僵尸企业的识别方面还有一个问题需要引起研究学者们的重视，即现有关于僵尸企业识别的研究文献主要关注企业在当年是否为僵尸企业，仅从识别指标上进行些许修正，忽略了僵尸企业间存在着僵尸化程度的差异，以及全部样本企业在发展过程中被僵尸化的概率。目前只有栾甫贵和刘梅（2018）、周琎等（2018）两篇文章基于具有较全财务指标的上市公司数据，对僵尸企业的僵尸指数进行构建和分类，但是由于上市公司有一定的门槛条件，且其样本覆盖范围并不能代表中国生产经营企业的全貌，所以其测度方法和样本选择有待进一步深化和拓展。

因此，如何选取与僵尸企业形成具有因果关系的特征变量，准确而恰当地测度出企业的僵尸化程度，进而构建预判和防治僵尸企业的预警体系，是将企业僵尸化纳入动态处置与预防过程的一个可以拓展的方向。本书3.2.4节对企业僵尸化的指数进行了有效测度，后续章节在此基础上深入考察了产业政策对企业僵尸化的影响效应。

2.3 僵尸企业的成因与危害

2.3.1 僵尸企业的成因

僵尸企业的形成机制比较复杂，现有研究从不同角度进行了探讨，我们可以从微观、宏观和中观三个层面进行梳理归纳。

①微观层面的所有制属性、企业市场规模、企业资产、企业利润率、企业补贴与企业负债等因素（Salamon and Siegfried，1977；Peek and Rosengren，2005；申广军，2016；黄少卿和陈彦，2017；胡春阳，2018；刘海明和曹廷求，2018）。

如Peek and Rosengren（2005）研究认为日本信贷分配不当与银行为弱势企业提供额外信贷等不正当激励措施导致了僵尸企业的出现；申广军（2016）从新结构经济学的研究视角，认为要素禀赋的比较优势和技术比较优势是僵尸企业形成的深层次根源，其理由在于部分生产效率低、盈利能力差的不符合相对比较优势的企业，只能通过政府补贴、税收优惠和银行贷款维持生存，由此导致了僵尸企业的形成；胡春阳（2018）通过对市场势力与僵尸企业绩效的分析，基于Wind金融数据库企业层面数据实证分析发现市场势力与僵尸企业绩效存在显著的倒U形关系。刘海明和曹廷求（2018）通过研究续贷限制对微观企业的经济效应，发现2007年监管改革续贷标准的收紧改善了企业间的信贷资源配置，不仅提高了优质企业贷款的可获得性，而且有效降低了僵尸企业形成的可能性；吕江林和陈建付（2018）研究发现信贷失衡、企业效率异质性与僵尸企业的形成呈现高度正相关关系，提高了僵尸企业的形成概率。

②宏观层面因素包括政企合谋、地方政府与国企竞争、外部需求冲击等因素（聂辉华和李金波，2006；聂辉华和张雨潇，2015；聂辉华等，2016；杨瑞龙等，2013；蒋灵多和陆毅，2016；黄少卿和陈彦，2017；陈运森和黄健峤，2017）。

如聂辉华等（2016）总结僵尸企业出现的原因，认为部分地区政企不当关系、大规模刺激、外部需求冲击与银行信贷歧视是一定时期内僵尸企业产生与长期存在的重要原因；周琎（2019）通过实证分析发现不同地区产业政策的重复和竞相实施会提高僵尸企业产生的概率并加剧产能过剩问题；陈运森和黄健峤（2017）认为僵尸企业得以持续存活的关键在于地方政府官员的地域偏爱，通过身份认同和熟悉度偏见两个层面影响僵尸企业的资源获取，加剧了其形成与持续问题；刘诚和钟春平（2018）认为地方政府的行政审批权限虽然能够促进产能的快速提升，但是也会导致形成过剩产能和僵尸企业的问题；黄少卿和陈彦（2017）认为政府补贴的“滋润效应”与企业破产成本过高导致的“阻碍效应”是僵尸企业持续存在的两个重要原因；Tan et al.（2016）研究发现政府的投资提高了僵尸企业的形成的概率，而且在国有银行和国有企业集中度越高的地区，僵尸公司所占比重越高。

③中观层面包括企业的行业属性、地区属性、垄断势力以及行业“传染性”等因素（戴泽伟和潘松剑，2018；方明月等，2018；张一林和蒲明，2018）。

如戴泽伟和潘松剑（2018）研究认为僵尸企业存在信息透明度低和

信息质量差的问题，并且僵尸企业的信息透明度在省份内和行业内具有传染与溢出的效应，使得省份与行业整体信息环境变得更差；刘奎甫和茅宁（2016）也认为僵尸企业的产生具有很强的制度背景和行业背景；方明月等（2018）着重从传染效应角度考察了中小民营企业成为僵尸企业的原因；张一林和蒲明（2018）基于银行债务展期的理论框架，发现当经济不确定性较高时，银行债务展期决策扭曲会通过对僵尸企业持续信贷输血与对部分具有偿债能力的正常企业实行信贷紧缩式的去杠杆，导致僵尸企业僵而不死、正常企业被动去杠杆的困境出现；王韧和马红旗（2019）从中观层面分析国内信贷资源配置对僵尸企业贷款影响的机制，验证了钢铁行业内部信贷资源错配和僵尸企业贷款的现实存在性。

此外，相关研究在分析僵尸企业形成原因的同时，也从不同的研究视角提出了相应的僵尸企业治理建议。如蒋灵多和陆毅（2017）研究发现最低工资标准的提高有利于抑制新僵尸企业的形成；黄少卿和陈彦（2017）根据资产负债率水平对僵尸企业进行分类，为妥善处置提供良好借鉴；蒋灵多等（2018）以外资自由化为例考察了市场机制是否有利于僵尸企业的妥善处置，发现外资管制放松政策显著降低了行业僵尸企业占比，该政策效应通过提高僵尸企业复活率而非退出率得以实现，并提高了行业全要素生产率与创新能力；王万珺和刘小玄（2018）则从长期视角探讨了影响僵尸企业形成的市场与非市场（制度）因素，消除了短期生存周期和经济波动对企业僵尸化的影响；陈玉洁和仲伟周（2019）通过建立政府、银行、僵尸企业的三方演化博弈模型，研究发现专项补助策略的实施能够加速大型国有企业的退出，政府加强对银行业的监管能够从根源上减少僵尸企业的产生，加大对“僵尸借贷”行为的惩戒力度能够迫使既存僵尸企业及时退出市场。

2.3.2 僵尸企业的危害

僵尸企业的危害性毋庸置疑，其存在就是对市场自由进入退出机制的破坏，不仅占用了额外的信贷补贴，企业较低的盈利能力也会形成银行不良资产的风险，而银行为防止坏账的产生，持续向效率低下的僵尸企业提供的“常青贷款”在加剧企业僵尸化的同时，又会进一步阻碍更具生产力的正常企业生产经营，造成“劣胜优汰”的竞争扭曲（Nishimura et al.，2005；Peek and Rosengren，2005；Caballero et al.，2008；Tan et al.，2016）。

僵尸企业不仅破坏了正常的市场机制，导致落后企业依赖银行贷款、政府补贴以及企业关联信用输血的支持而难以正常进入退出市场，加剧产能过剩（Caballero et al.，2008；何帆和朱鹤，2016），还加剧了企业投资“挤出效应”，因为银行给僵尸企业提供信贷优惠会提高正常企业的融资成本，而且这一挤出效应对民营企业的影响更严重（Hirata，2010；谭语嫣等，2017）。由此造成的结果是，高杠杆率、缺乏盈利能力和效率低下的僵尸企业反而更容易获得低成本的信贷资源，造成严重的信贷资源错配，不利于企业技术创新与长期增长，而且威胁到了正常企业的生存，导致“劣币驱逐良币”现象层出不穷（Kwonetal，2015）。

此外，由于我国金融制度不够完善，企业间商业信用这一非正式金融在缓解企业，尤其是中小企业的融资约束方面扮演了关键的角色。僵尸企业的存在过度消耗了局部空间范围内关联企业的信贷资源，容易将企业的僵尸属性“传染”给关联生产企业，甚至拖累关联金融机构成为“僵尸企业”，加大了系统性的风险（方明月等，2018）。

僵尸企业对资源错配的扭曲危害受到学者们的较多关注，谭语嫣等（2017）研究发现僵尸企业对正常企业的投资规模产生“挤出效应”，而且这一现象在民营企业身上尤为明显；李旭超等（2018）考察了僵尸企业占比对正常企业税负的扭曲影响，发现了扭曲普遍存在于跨行业和企业规模的异质性，进而加剧了资源错配；Shen and Chen（2017）通过计算企业层面的产能利用率来衡量产能过剩的问题，发现僵尸企业会通过排挤效应导致产能过剩并使其恶化；王永钦等（2018）实证研究发现行业内僵尸企业占比高显著降低了正常企业的专利申请总数和企业的全要素生产率，并解释了僵尸企业通过加剧资源约束、扭曲信贷配置和损害行业公平竞争等渠道影响正常企业的创新能力的机制；肖兴志和黄振国（2019）研究发现僵尸企业不仅破坏产业动态发展过程中优胜劣汰的市场选择机制，而且会抑制企业成长机制作用的发挥，最终阻碍了产业发展；Tan et al.（2016）实证分析发现僵尸企业的有效退出，会不同程度地提高工业产出增长率、资本积累率、就业增长率、全要素生产率增长率，而其持续存在将会阻碍上述经济指标的提高，危害经济的健康发展。

此外，也有相关学者从不同角度考察了僵尸企业对经济运行产生的其他负面影响。曾皓和赵静（2018）基于A股上市公司数据，研究发现僵尸企业存在利用盈余管理降低信息透明度的机会主义行为，僵尸企业的信息不透明会向同行业内其他非僵尸企业扩散，因此资本市场上僵尸企业"传染性"应引起监管部门的重视与防范；范瀚文等（2018）实证分析了僵尸企业的出口规模挤出效应，研究发现一省的僵尸企业比例越高，当地非僵尸企业的出口规模越小，且该挤出效应在国有企业中并不明显，而对非国有企业影响显著，而且政府干预因素显著加剧了出口规模挤出效应；王守坤（2018）从工业污染排放强度角度考察了僵尸企业的负面影响，得出僵尸企业资产规模比例越高则工业污染排放强度也越高的结论；许江波和卿小权（2019）则以2005—2017年A股上市公司为样本，分析了僵尸企业对供应商的溢出效应，发现僵尸企业在僵尸化过程中所发布的蕴含困境信息的公告对供应商股价具有显著的负向影响，且该类溢出效应主要通过资金流、物流和信息流三个载体来传导。

2.3.3 研究视角的拓展

①目前僵尸企业的识别方法较多，基本涵盖了僵尸企业经营绩效差、持续亏损、获得额外信贷补贴等特征，但由于不同数据的指标特征以及对政府补贴和银行信贷的剥离难度大而并没有形成一致的识别测度方法。

此外，不能仅仅关注企业在当年是否为僵尸企业而进行研究，而应将企业僵尸化纳入动态处置与预防过程，考察僵尸企业间存在的僵尸化程度的差异，以及全部样本企业在发展过程中被僵尸化的概率，即前面提及的企业僵尸化程度的指数与预警体系构建问题。

②僵尸企业的危害毋庸置疑，现有文献也从不同视角分析了僵尸企业在部分行业的比重过高以及"久治不愈"等长期存在的严重危害，但

是对僵尸企业危害的研究大多是从既定的僵尸企业存在本身来分析其对投资挤出、税负扭曲、资源错配、阻碍产业发展与创新等（谭语嫣等，2017；李旭超等，2018，王永钦等，2018；肖兴志和黄振国，2019），而缺乏将僵尸企业得以存在（政府扶持与放松治理、银行信贷补贴）的产生根源与其进一步的危害进行统一分析。

例如，在经济现实当中，僵尸企业的存续对就业稳定的作用，会使得地方政府有放缓处置的行为动机。地方政府出于“稳增长、保就业”的目的，以及防范可能引发的失业震荡等社会性问题，主动或被动地对僵尸企业进行存续补贴并在一定程度上放松清理力度，使得部分理应被清理的僵尸企业得以存续而出现“僵而不死”的现象。但是，因政府保就业而得以存活的僵尸企业，会对正常企业的就业（增长）产生什么样的后果与效应呢？

对此，本书作者基于这一现实问题，从就业增长视角出发，首先构造市场均衡模型推论出僵尸企业对劳动力就业的影响和产能过剩形成的理论逻辑，随后基于1998—2013年中国工业企业数据进行实证检验。研究发现，僵尸企业对正常企业的就业增长产生明显的排挤效应，且该效应通过企业融资约束和企业进入退出障碍两个渠道得以强化。进一步分析发现，僵尸企业既抑制了正常企业的潜在就业机会，又对在位劳动者产生挤出效应；僵尸企业占比显著抑制了正常企业规模的扩张，并相对而言提升了僵尸企业的福利和工资水平，因而阻碍了劳动力的自发流动；就行业特征和企业规模的异质性而言，僵尸企业对非劳动密集型行业和中小规模企业就业增长的排挤效应更突出。通过工具变量和测度指标替换，我们检验了基本结论的稳健性，为地方政府坚定推进僵尸企业清理提供了理论基础和经验证据。

③关于僵尸企业的成因，现有研究从微观个体与宏观层面等不同角度探讨了僵尸企业的形成因素，但是梳理现有文献发现，鲜有从产业政策干预角度，尤其是从政府重点产业政策实施对企业僵尸化的影响及其作用机制角度进行深入分析。产业政策的制定和实施具有很强的导向作用，不仅体现在政府的投资扶持导向（齐鹰飞和赵旭霞，2015），也表现为引导企业对行业前景形成共识以致导致投资出现“潮涌现象”（林

毅夫等，2010），僵尸企业和产能过剩现象具有很大概率出现。

因此，本书分别从产业政策扶持力度强弱、官员实施干预、央地政策传递偏差等角度，探究产业政策对企业僵尸化的影响，给出经验事实证据以明晰僵尸企业形成的政策性根源，为有效处置僵尸企业并预防企业僵尸化提供参考。

3　产业政策对企业僵尸化的影响逻辑与基本事实

3.1　产业政策制定和实施的过程环节

产业政策是一系列调节和促进产业发展的政策机制和制度安排的总和（周振华，1990），许多国家及其政府在工业化和产业化进程中都倾向于通过实施产业政策推动当地经济和产业发展。我国在改革开放的进程中也较多使用了各类产业政策工具来引导产业发展的方向，提升了行业技术水平和国际竞争力，促进了经济社会的全面发展。

本书第2章2.1节对产业政策的内涵、工具与实施效果的相关文献研究进行了综述。考察产业政策对企业僵尸化的影响，离不开对产业政策的恰当度量，同时需要综合考虑产业政策的制定、实施过程中不同官员特征的干预，因此为了全面考察产业政策引致的企业僵尸化现象，本书拟从产业政策的政策制定、实施过程与效果评价三个环节展开，逻辑思路如图3-1所示。

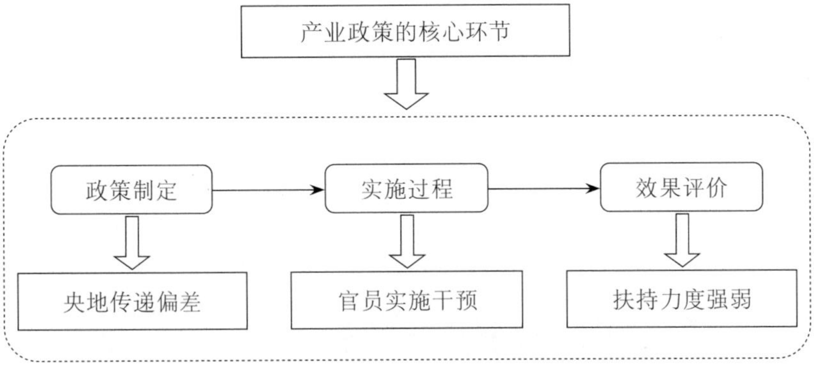

产业政策的核心环节

政策制定 → 实施过程 → 效果评价

央地传递偏差　官员实施干预　扶持力度强弱

图 3-1　产业政策的三个核心环节

具体而言，首先，本书根据产业政策的目标导向，区分其扶持力度的强弱不同，考察产业政策扶持力度强弱对企业僵尸化的影响效应；其次，产业政策实施过程离不开地方官员的执行推动，而官员的行为特征又会对产业政策的预期目标效果产生干预，当然这种干预倾向或是强力执行、或是慵懒懈怠，因而出现有利有弊的效果差异；最后，回归到产业政策本身的制定上，中央与地方的产业政策侧重点不同，在政策传递过程中重合或偏离同样会影响到产业政策的具体实施效果。

3.1.1　产业政策目标导向的扶持力度强弱

重点产业政策通常是指政府为了鼓励和扶持特定行业发展而采取的选择性政策（杨继东和罗路宝，2018），其政策制定的初衷不仅是为了促进目标行业的成长，也包括致力于限制和淘汰落后产能，进而推动产业结构的优化升级，因此成为现阶段我国中央政府和地方各级政府共同的选择。

各级政府在五年规划中列出的重点产业目录，一般会给出明确的产业发展目标和方向，比如会出台针对某一类或某一个重点行业的专项产业规划，并会在落实当中给予具体的配套措施，会通过补贴与税收减免等直接政策手段、财政与金融等间接政策手段将资源和要素导向相关重点产业。然而，需要说明的是，地方政府制定的重点产业政策，其目标导向初衷是优化升级当地产业结构，但是具体政策手段的实施必然会改变重点产业与非重点产业之间、重点产业内部企业之间的资源配置状况

（宋凌云和王贤彬，2013b），因此产业政策有效性或者说其政策制定初衷能否完全实现有待于进一步讨论。

相关学者从不同角度分析了重点产业政策目标导向的政策效果，如陈钊和熊瑞祥（2015）基于比较优势视角，结合倍差法考察了国家级出口加工区在成立之初对所选择的“主导产业”的扶持政策效果；而对产业政策目标导向的科学定量评估则是基于中央或地方省级五年规划文本目录进行的，如宋凌云和王贤彬（2017）实证研究产业政策如何推动产业增长；车嘉丽和薛瑞（2017）以“最能代表产业发展方向”的五年规划相关行业定义产业政策，分析了产业政策激励通过信息效应和资源效应缓解了企业的融资约束；张莉等（2019）以省级的“九五”“十五”“十一五”规划中提及的重点产业作为识别对象，从微观企业层面定量考察重点产业政策对企业TFP的影响及作用机制。

由于产业政策本质上是政府调整产业结构、促进经济发展的政策工具，其强大的资源调配能力在过度干预的情形下会产生一系列资源错配的扭曲结果，比如对特定行业的国企补贴扶持，以及对某一行业大力发展信号的释放会带来投资“潮涌现象”等；反之，产业政策制定的目录文本如果仅仅发挥温和的引导作用，让市场自发调节产能结构，则有利于降低与预防企业僵尸化问题。因此，本书认为有必要区分产业政策目标导向对具体行业扶持的强弱来考察产业政策对企业僵尸化的影响效果。

与以往研究不同之处或者说本书研究拓展的边际贡献在于，在以地方省级五年规划的文本目录作为产业政策识别的基础上，本书对各省五年规划中提及的产业根据产业定位和语气词判定又进一步作了划分，区分为扶持强度高的A类重点产业、扶持强度弱的温和的B类重点产业[①]，进而从扶持导向的强弱不同，具体考察产业政策实施对企业僵尸化的影响效应。

3.1.2 产业政策实施的官员实施干预

中国是一个发展中的大国，改革开放40多年的经济发展在很大程

① 扶持力度强弱不同的产业政策类型的具体划分，详见本书4.1.1产业政策的文本识别。

度上是依靠中央政策的正确引导和地方层面的执行与推动实现的。中国政治体制中干部治理具有“党管干部”和对上负责的重要特点，各级地方领导干部是通过中央和上级进行考核和任命的（周黎安，2004），同时各级地方政府又实行“首长负责制”，各级首长在整个所管辖政府系统中具有核心的决策权力和资源调配权力（宋凌云等，2013）。

现有文献研究从不同视角分析发现，地方官员尤其是党委书记和行政负责人能够对辖区内的经济增长产生显著影响。徐现祥等（2007）实证分析发现中国省长（省委书记）的交流会通过大力发展二产、重视一产、忽视三产的产业发展取向，提高流入省区经济增长1个百分点，因此加强干部交流能够破解省区发展不平衡的现象。张军和高远（2007）考察了省级高级官员的任期限制和异地交流对地方经济增长的影响，发现官员任期与经济增长的关系呈现出倒U形的特征，而官员异地交流呈现出明显的区域差异。王贤彬和徐现祥（2008）则从省级党政首长的来源、去向与任期视角，分析发现不同类型的省长（省委书记）会带来显著不同的经济增长绩效。张尔升（2010）从个人层面是否具有企业背景考察了省委书记、省长对区域经济增长的绩效。此外，王贤彬和徐现祥（2014）从地方官员能力、李书娟和徐现祥（2016）从身份认同、徐现祥和李书娟（2019）从官员地籍偏爱的视角分别研究了地方官员的特征对区域经济发展的影响绩效。

具体到地方官员的行为特征如何影响到区域经济绩效，现有研究大多从财政分权和政治激励的逻辑视角进行探索。白重恩等（2004）、史宇鹏等（2007）等研究认为行政分权和财政包干对中国区域市场分割产生了重要影响，而财政分权也激励了地方官员发展当地经济的动力与干劲。由于自20世纪80年代初我国开始由以政治表现转变为以经济绩效考核作为地方官员的升迁标准，周黎安（2004，2007）提出著名的“晋升锦标赛”理论来概括中国地方官员政治晋升的政绩观和激励动机，也指出了地方官员为增长而竞争的晋升博弈，也会导致地方保护主义和重复建设等问题长期存在。当然，区域间交流联系的需要，也会加强地方官员选择有理性的合作（张军，2005；徐现祥等，2007）。

综上所述，产业政策作为政府调整产业结构、促进经济发展的政策工具，地方官员在发展辖区经济时必然会采用产业政策工具进行干预，因此产业政策的具体实施效果可能会因政策实施主体——官员的行为特征不同而受到相异的干预倾向。为恰当、准确地评估产业政策对企业僵尸化的影响，本书拟从省级地方官员的来源、去向、年龄、任期、更替等多角度行为特征切入，将产业政策实施过程中“官员实施干预”纳入对企业僵尸化影响的分析中。

3.1.3 产业政策制定的央地传递偏差

由于我国特殊的分权体制，中央产业政策的实施和推进落实离不开地方政府的配合（王贤彬和王淑芳，2019）。具体到五年规划产业政策制定的目录引导，中央政府和地方政府在重点产业政策扶持行业的选择上存在着一致性和差异性，很多政策都是中央政府先颁布纲领性文件，地方政府再以此为基础制定辖区内的发展规划（张莉等，2017；熊瑞祥和王慷楷，2017），因此各省制定产业政策争相参照和效仿中央政府产业政策，导致各省五年规划产业政策的“相似性”，加剧了地区间产业同构现象的严重程度（吴意云和朱希伟，2015）。当然，也有另一种观点认为，地方政府在制定本地规划时并不会盲目跟随中央政策，而是基于本地产业拥有的信息优势采取因地制宜的策略，即使省级规划中列入了中央产业政策或许只是在形式上拥护中央政策，而在具体资源配置上并不会对相应行业进行实质性的倾斜，因为中央制定的产业政策往往是基于全国水平综合考虑的结果，并不一定适应省级政府所在辖区的具体发展条件（宋凌云和王贤彬，2013b）。

现有对中央和地方不同层级间政策传递的偏好差异研究文献并不是很多，如张莉等（2017）、杨继东和罗路宝（2018）通过搜集整理中央和省级的“十一五”“十二五”五年规划提及的重点产业目录，研究了重点产业政策对地方政府土地出让与空间资源配置的影响效应，验证了不同层级的重点产业政策的作用效果存在差异；吴意云和朱希伟（2015）采用衡量二元变量相似度的Jaccard相似系数计算中央政府和省级政府产业政策的相似度，解释了2005年以来中国产业地理集中度下降和地区间专业化分工水平降低的现象。上述文献基于五年规划衡量央地政策传递差异的方法：（1）划分“中央提及-地方也提及”“中央未提及-地方提及”“中央提及-地方未提及”三种类别；（2）Jaccard相似系数为该问题的研究提供了很好的思路。然而，通过文本匹配与计算相似系数始终避免不了地方照搬中央政策、各省之间政策相似重叠的内生性问题，正如吴意云和朱希伟（2015）表述省份的产业政策导向完全是为了迎合中央的产业政策规划而偏离自身比较优势的自我选择（self-selection）问题。

因此，从现实出发，本书认为中央政府在2009年出台十大产业振兴规划是个很好的研究契机。一方面该政策出台是为了应对全球金融危机，提供了准自然实验的政策冲击；另一方面通过识别各省份“十一五”“十二五”五年规划与十大产业振兴规划的重叠变化，可以有效衡量出央地政策传递之间的偏好差异，进而以地方政府对十大产业的重视与扶持力度变化，考察二者之间的偏差会对企业僵尸化产生什么样的异质性影响。

3.1.4 本书产业政策研究视角的优势

宋凌云和王贤彬（2017）梳理认为对产业政策实施效果的准确评估，主要存在三个方面难点：一是产业政策难以准确度量，尤其是部分文献（蒋为等，2015；孙早等，2015；黄先海，2015）容易将产业政策手段等同于产业政策本身[①]；二是产业政策的内生性（Krugman，1983；Stiglitz et al.，2001）；三是容易忽略产业政策效果的异质性（陈钊和熊瑞祥，2015）。本书重点考察产业政策实施对企业僵尸化的影响效应，研究视角与具体分析过程将以现有文献为基础，将上述难点考虑进去，以期对产业政策的科学有效评估有所贡献。

具体而言，本书选取产业政策实施过程的三个环节（扶持力度强弱、官员实施干预、央地传递偏差）作为研究视角，具有如下优势：

①针对产业政策的目标导向，以中国省级五年规划文本中的行业扶持目录作为重点产业识别的依据，以重点产业政策虚拟变量来准确有效

① 如相关文献在对产业政策的度量上，直接将财政手段视为产业政策，将财政手段的影响视为产业政策效应，虽然有一定意义，但存在较大局限性。

度量产业政策本身，同时本书第4章以产业政策的行业扶持强度划分两类重点产业政策类型，又充分考虑了产业政策效果的异质性。

②针对产业政策实施过程中官员行为特征干预，本书不仅从政策实施主体的异质性的角度分析产业政策实施效果的差异性，而且在第5章将政策实施主体的行为特征纳入产业政策实施过程，这样也拓宽了产业政策效果评估的研究视角。

③考虑到产业政策的内生性以及政策制定的不同层级，本书第6章从央地产业政策传递的偏好差异角度分析其对企业僵尸化的影响效应，并且鉴于地方五年规划产业政策制定“效仿”中央五年规划政策的情况，本书选取十大产业振兴规划的政策契机，同时分析地方政府对十大产业的重视与扶持力度的变化，既剥离了政策内生性，又有效评估了二者实施偏差的异质性效应。

3.2 僵尸企业识别修正与企业僵尸化指数测度

3.2.1 识别方法的适用性修正

本书对FN-CHK识别方法进行适用性修正，以达到对中国工业僵尸企业[①]进行精准识别的目的。在经典FN-CHK识别方法的基础上，根据中国经济发展的实际情况和工业企业数据库的指标特征，结合相关文献对识别指标进行综合优化，包括：①在“信贷补贴标准”计算实际利息支出时，根据会计准则加入银行存款利息收入；②在使用“利润原则”对误判企业进行排除时，考虑到企业的长期成长能力，增加企业专利申请数量连续增长的甄别条件；③为消除短期冲击带来的波动影响，采用聂辉华（2016）多期识别判定的做法。

具体识别过程如下：

①计算出企业i在第t年的理论最低应付利息$Imin_{it}$，即

$$Imin_{it} = RS_{t-1} \times BS_{i,t-1} + (1/5\sum_{k=1}^{5} RL_{t-k}) \times BL_{i,t-1}$$

① 中国工业企业数据的匹配与数据样本介绍，详见4.1.2微观企业数据处理过程。

其中RS_{t-1}是t－1年短期最优贷款利率，由6个月内和6个月至1年的贷款基准利率年化平均得到；RL_{t-1}为t－1年长期最优贷款利率，为1~3年、3~5年和5年以上贷款基准利率的算术平均值[①]，年化平均计算参考了黄少卿和陈彦（2017）的具体做法；$BS_{i,t-1}$和$BL_{i,t-1}$为企业t－1年的短期借款和长期借款，分别以工业企业数据库中的短期负债和长期负债来衡量。

②计算企业i在第t年的实际利息支出，即

$$IR_{it} = Interest_{it} + Deposit_{i,t-1} \times RD_{t-1}$$

其中$Interest_{it}$为企业财务费用中的利息支出净值；$Deposit_{i,t-1}$为企业i在t－1年的银行存款。根据我国会计准则，企业的银行存款利息收入可以抵扣财务费用，工业企业数据库中的利息支出为减去银行存款利息收入之后的净支出值，因此在计算企业实际利息支出时应该加上银行存款的利息收入（谭语嫣等，2017），本书采用“流动资产-应收账款-存货”作为银行存款的替代指标，并使用银行短期存款利率进行利息计算；RD_{t-1}是企业t－1年的短期存款利率，由活期、3个月、半年和1年存款利率进行年化平均计算得到[②]。

③计算企业实际利息支出与理论最低应付利息之差GAP_{it}，即

$$GAP_{it} = (IR_{it} - Imin_{it})/B_{i,t-1}$$

其中$B_{i,t-1} = BS_{i,t-1} + BL_{i,t-1}$，即企业上一年度的借款总额，用以对差值进行标准化。按照CHK（2008）的识别方法，如果$GAP_{it} < 0$，即企业的实际利息支出小于理论上最低应付利息，则表明企业获得了银行的额外补贴，进而可以判定其为僵尸企业。Fukuda and Nakamura（2011）认为该识别方法存在两个问题：一是容易将融资成本低而经营绩效良好的企业“误判”为僵尸企业；二是仅根据信贷利息很可能会“漏判”部分僵尸企业，因而在此基础上补充企业盈利能力标准和常青贷款标准，利用企业利润水平、资产和负债杠杆率等信息加以修正。

④在CHK识别方法判定的僵尸企业中，如果企业息税前收入大于理

---

① 各年贷款利率来源于中国人民银行：http://www.pbc.gov.cn/zhengcehuobisi/125207/125213/125440/125838/125888/2968985/index.html。

② 各年存款利率来源于中国人民银行：http://www.pbc.gov.cn/zhengcehuobisi/125207/125213/125440/125838/125888/2968982/index.html。

论最低应付利息，即 $Profit_{it} + IR_{it} - Imin_{it} > 0$（其中 $Profit_{it}$ 为企业的利润总额），由于这些企业自身的当期收入能够负担起理论最低应付利息，或者说其扣除信贷补贴后的净利润为正，因而不能被判定为僵尸企业。在以企业“利润原则”实现“去伪”过程的同时，本书认为仍然会存在部分本身具有长期成长能力，尤其是处于初期的创业企业，由于需要接受银行信贷或政府补贴的扶持进行研发投入或开发新产品，因而应将该类长期成长能力较强的企业排除。具体做法与黄少卿和陈彦（2017）以净资产连续增长的修正条件不同，本书将企业专利申请数量[①]连续三年增加，即 $patent_t > patent_{t-1} > patent_{t-2}$ 的企业识别为非僵尸企业。

⑤在不被CHK识别方法判定为僵尸企业的企业当中，如果企业息税前收入小于理论最低应付利息，外部负债超过总资产的50%，且外部负债比上一年有所增加（Nakamura and Fukuda，2013），则这类企业应被重新判定为僵尸企业，即实现“存真”的修正过程。

⑥虽然以上FN-CHK识别方法根据企业信贷利息、财务特征等信息进行判定具有较高的严谨性，但是考虑到僵尸企业的存在是一个持续且相对长期的过程，如果部分企业仅在其存续时间段中的某一年被识别成僵尸企业，而在下一年又被识别恢复成了正常企业，则极有可能是正常企业在某一年遇到了经营或财务上的短期不利冲击，从而被误判成僵尸企业。因此鉴于该方法仅以一年的数据识别存在的局限性，本书采用Imai（2016）和聂辉华（2016）等动态角度类似的做法，如果某一企业连续2年被FN-CHK方法识别为僵尸企业，则判定该企业在第二年是僵尸企业。

本书以适用性修正FN-CHK方法识别出的僵尸企业，记为zombie*2*。

3.2.2 识别结果与分组差异检验

（1）僵尸企业识别结果

基于1998—2013年中国工业企业数据库，本书采用适用性修正

① 在企业长期成长能力的度量上，一方面可以采用投入端的企业“研发投入费用”，另一方面则可用产出端的企业“新产品产值”或“专利申请数量”两项指标来衡量。由于工业企业数据中“研发投入费用”和“新产品产值”指标缺失严重，因而本书在将国家专利数据库匹配到工业企业数据库的基础上，以“专利申请数量”连续三年增长来度量企业是否具有较强的长期成长性。

FN-CHK方法识别出的僵尸企业，分年份进行数量和比例的统计，如图3-2所示。与聂辉华等（2016）、蒋灵多和陆毅（2017）等文献相比，僵尸企业占比在各年的趋势上保持严格一致，但由于本书在企业实际利息支出方面考虑银行存款利息，以及将部分具有长期成长能力但易被误判的企业排除在僵尸企业之外，因而数量有一定下降，当然识别得也更为精确。就趋势而言，僵尸企业比例呈逐年波动下降趋势，而僵尸企业数量则有较大波动，在2006年达到最高点后逐年下降，2011年骤降至最低点并在随后有所反弹。现有研究对于僵尸企业数量在2011年前后出现折点的解释有"数据质量说""金融危机说""政府刺激说"等，本书认为应当将企业的生存与动态退出因素考虑进去——受金融危机的影响，大量的僵尸企业因为受到外部需求冲击而退出市场，导致2010年的数量及比例下降，由于本书识别僵尸企业采用连续2年认定的原则，因而会出现2011年僵尸企业数量及占比均较低的统计现象。

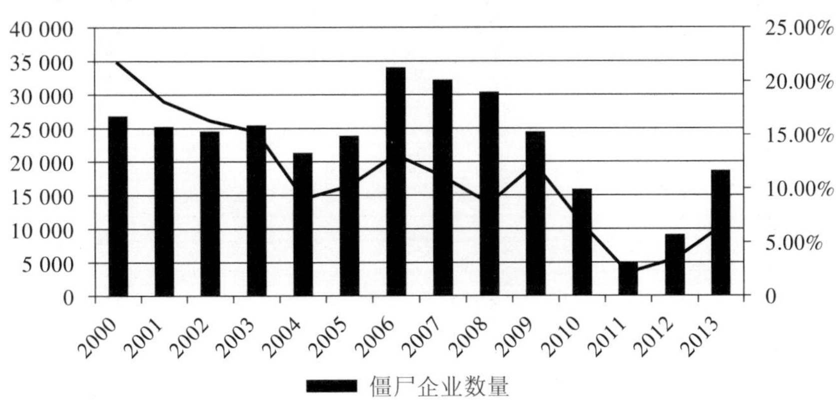

图3-2 分年份僵尸企业数量与比例统计

此外，表3-1给出了不同识别方法下僵尸企业数量及比例的分年份统计，具体而言包括CHK标准（zombie_chk）、FN-CHK标准（zombie_fn）、本书修正FN-CHK标准（zombie2）以及以企业持续亏损3年及以上作为判定依据的政府标准（zombie_kuisun）。

总体来看，在各类标准下僵尸企业的数量以及比例均呈现波动中下降的趋势，尽管个别年份有所反弹。实际上，基于经典文献判别的CHK标准、FN-CHK标准以及本书修正FN-CHK标准，在僵尸企业识别条件中具有递进严格化的特征，均是为了最大程度地实现僵尸企业的“去伪存真”，所以僵尸企业比重也随着识别标准的严格化而逐渐降低；而政府标准由于其仅仅以企业是否连续亏损作为判别条件，在适用对象、标准严格程度以及效果预期方面存在一定的局限性，因此对僵尸企业的识别缺乏精度和实用性，识别出的僵尸企业数量与比例都相对较低。

表3-1 不同僵尸企业识别法下的僵尸企业数量及比例

识别方法	zombie_chk		zombie_fn		zombie2		zombie_kuisun	
年份	数量	比例	数量	比例	数量	比例	数量	比例
1998								
1999	63 349	49.99%	43 230	34.11%				
2000	69 580	56.29%	43 556	35.23%	26 789	21.67%	12 771	10.33%
2001	68 274	49.00%	40 379	28.98%	25 204	18.09%	11 257	8.08%
2002	84 891	56.67%	44 314	29.58%	24 474	16.34%	10 317	6.89%
2003	90 694	54.67%	42 243	25.46%	25 357	15.28%	10 976	6.62%
2004	91 986	39.02%	40 799	17.31%	21 196	8.99%	9 395	3.98%
2005	145 206	62.35%	58 164	24.98%	23 808	10.22%	9 875	4.24%
2006	154 598	59.84%	57 835	22.39%	33 949	13.14%	13 875	5.37%
2007	169 796	58.51%	58 918	20.30%	32 084	11.06%	12 291	4.24%
2008	167 100	47.26%	60 946	17.24%	30 261	8.56%	10 441	2.95%
2009	126 589	63.70%	43 595	21.94%	24 348	12.25%		
2010	81 785	34.45%	30 632	12.90%	15 755	6.64%		
2011	55 182	23.61%	15 868	6.79%	4 934	2.11%		
2012	124 057	47.02%	35 600	13.49%	9 014	3.42%		
2013	124 866	43.51%	34 272	11.94%	18 452	6.43%	4 132	1.44%
合计	1 617 953		650 351		315 625		105 330	

资料来源：本书计算整理所得。

（2）分组差异检验

分样本对比僵尸企业与正常企业的主要经济指标（见表3-2）可以发现，僵尸企业的年龄、规模和资产负债率均值都显著大于正常企业，而生产率均值则低于正常企业，这一方面与经济现实相吻合，另一方面也说明企业负债率越高、年龄和规模越大、生产率越低的企业越容易成为僵尸企业，因而应当综合研判僵尸企业的形成和预防。此外，正常企业的就业增长均值是僵尸企业就业增长均值的10倍以上，两类企业具有显著的组间差异，再次说明本书研究具有重要的现实意义。

表3-2　僵尸企业与正常企业主要指标的组间均值差异

变量与说明	正常企业		僵尸企业		组间差异
	G1(nzb)	Mean1	G2(zb)	Mean2	MeanDiff
企业年龄（age）	3 101 273	10.257	315 625	16.785	-6.528***
企业规模（lnsize）	3 093 106	10.007	314 478	10.189	-0.181***
资产负债率（lever_rate）	3 093 106	0.597	314 478	0.836	-0.239***
企业生产率（lntfp）	956 792	5.265	95 263	4.610	0.655***

资料来源：本书计算整理所得。

随后，本书从所有制类型的视角，对不同识别标准中僵尸企业与非僵尸企业的效率与债务特征进行了比较分析①，结果见表3-3。

结果显示：①不同识别标准下僵尸企业的利润率、资本生产率和劳动生产率都低于正常企业，而且资产负债率普遍高于非僵尸企业，但值得注意的是融资成本却显著低于正常企业。以国有企业为例，本书识别标准下僵尸企业的利润率、资本生产率、劳动生产率以及融资成本分别为-0.026、-0.606、4.818以及0.011，要显著低于正常企业的0.044、-0.212、5.469以及0.021，资产负债率78.3%也高于正常企业的60.8%的水平，说明虽然僵尸企业的生产效率和盈利能力要显著低于非僵尸企

① 本书计算了企业的效率与利润率（利润/销售额）、资本生产率（工业生产产值/总资产，取对数）、劳动生产率（工业生产产值/从业人数，取对数）、融资成本（企业净利息支出/上年总负债）以及资产负债率（总负债/总资产）等，为了剔除异常值，以上指标均进行5%的缩尾处理。

业，却能够以较低的融资成本获得资金支持，造成了信贷资源错配与效率损失。②在不同所有制情况下，以本书识别标准（zombie2）下僵尸企业为例，民营僵尸企业的利润率、资本生产率与劳动生产率基本上高于其他类型企业，但也面临着较高的资产负债率水平；国有僵尸企业的效率与盈利能力要低于其他企业，却因为预算软约束而面临着较低的融资成本。

表3-3 不同所有制僵尸企业与正常企业的财务指标比较

所有制类型	企业特征	正常企业	zombie_chk	zombie_fn	zombie2	zombie_kuisun
国有企业	利润率	0.044	0.025	-0.024	-0.026	-0.026
	资本生产率	-0.212	-0.337	-0.555	-0.611	-0.606
	劳动生产率	5.469	5.237	4.914	4.813	4.818
	融资成本	0.021	0.011	0.013	0.011	0.011
	资产负债率	0.608	0.663	0.750	0.783	0.783
集体企业	利润率	0.056	0.039	-0.017	-0.019	-0.019
	资本生产率	0.524	0.408	0.068	0.011	0.014
	劳动生产率	5.725	5.611	5.259	5.154	5.156
	融资成本	0.028	0.013	0.011	0.008	0.008
	资产负债率	0.589	0.647	0.777	0.821	0.822
民营企业	利润率	0.053	0.042	-0.012	-0.014	-0.014
	资本生产率	0.757	0.692	0.282	0.210	0.211
	劳动生产率	5.883	5.808	5.513	5.407	5.409
	融资成本	0.038	0.017	0.013	0.011	0.011
	资产负债率	0.565	0.631	0.773	0.816	0.816
港澳台企业	利润率	0.046	0.033	-0.021	-0.023	-0.023
	资本生产率	0.391	0.334	0.084	0.008	0.009
	劳动生产率	5.635	5.524	5.256	5.159	5.157
	融资成本	0.026	0.016	0.015	0.012	0.012
	资产负债率	0.518	0.554	0.642	0.685	0.685

续表

所有制类型	企业特征	正常企业	zombie_chk	zombie_fn	zombie2	zombie_kuisun
外资企业	利润率	0.054	0.043	−0.029	−0.032	−0.032
	资本生产率	0.400	0.357	0.127	0.087	0.088
	劳动生产率	5.937	5.902	5.579	5.492	5.491
	融资成本	0.025	0.017	0.017	0.014	0.014
	资产负债率	0.514	0.546	0.658	0.715	0.715

资料来源：本书计算整理所得。

3.2.3 中国工业僵尸企业的分布特征

（1）地区分布特征

本书参照世界银行的标准[①]，根据经济发展程度将全国30个省级行政区域（剔除西藏，不含香港、澳门和台湾）分为东北、环渤海、东南、中部、西南和西北6个经济区域，与传统的东中西三大地理板块的划分相比，世界银行标准更能够准确反映不同地区的经济发展异质性和非均衡特征。

表3-4和图3-3显示，各地区的僵尸企业比例都呈波动下降趋势，与全国总体趋势一致，而且僵尸企业的分布具有明显的经济相关特征，经济发达地区的僵尸企业比例要明显低于经济欠发达地区。以2000年为例，东南沿海地区的僵尸企业比例最低，西北地区最高，存在西北（15.74%）>中部（14.26%）>西南（13.63%）>东北（13.62%）>环渤海（11.97%）>东南（8.44%）的空间特征，随着时间的变化，各地区僵尸企业比例有些许调整，但总体上经济发达地区僵尸企业比例要低于经济欠发达地区，这一点与聂辉华等（2016）得出的“中国东部与南部发达地区的僵尸企业比例较低，经济发展水平较低的西南、西北和东北

① 参考世界银行东亚和太平洋地区减贫与经济管理部、金融和私营发展部2006年的《中国政府治理、投资环境与和谐社会：中国120个城市竞争力的提高》，报告编号：No.37759-CN。东北包括黑龙江、吉林和辽宁，环渤海包括北京、天津、河北和山东，东南包括上海、江苏、浙江、福建和广东，中部包括河南、湖北、湖南、安徽和江西，西南包括重庆、四川、云南、海南、贵州和广西，西北包括山西、陕西、甘肃、宁夏、内蒙古、新疆和青海。

地区较高”的研究结论类似①。

表3-4 不同地区僵尸企业数量及比例

地区	东北		环渤海		东南		中部		西南		西北	
年份	数量	比例	数量	比例	数量	比例	数量	比例	数量	比例	数量	比例
2000	346	13.62%	932	11.97%	2 151	8.44%	734	14.26%	582	13.63%	339	15.74%
2001	417	11.37%	1 095	9.71%	2 552	7.24%	897	12.73%	714	13.17%	477	14.65%
2002	504	10.74%	1 253	9.32%	2 862	6.59%	981	11.06%	798	12.22%	490	12.57%
2003	807	13.00%	1 677	10.12%	3 457	6.24%	1 371	11.43%	1 006	11.94%	740	14.87%
2004	972	9.54%	1 883	6.69%	4 170	4.16%	1 556	7.66%	1 147	9.40%	796	9.92%
2005	1 268	10.29%	2 272	6.79%	5 538	5.36%	2 014	8.58%	1 493	10.33%	1 074	11.90%
2006	1 905	11.57%	3 293	8.15%	9 520	7.81%	2 838	9.66%	2 115	12.23%	1 801	16.20%
2007	2 171	10.52%	4 215	8.69%	10 858	7.39%	3 071	8.28%	2 392	11.19%	1 967	14.36%
2008	2 156	8.37%	4 191	7.22%	10 520	5.80%	2 619	5.54%	2 094	7.95%	1 721	11.89%
2009	1 555	11.26%	3 511	10.89%	10 634	10.60%	2 051	9.40%	1 726	13.67%	1 390	19.08%
2010	1 365	5.98%	2 171	6.31%	7 155	5.03%	1 747	6.44%	209	11.53%	596	6.65%
2011	488	2.52%	701	1.76%	2 096	1.92%	327	0.96%	41	0.21%	152	1.33%
2012	738	3.42%	1 089	2.48%	3920	3.21%	449	1.12%	36	0.16%	271	2.01%
2013	969	4.67%	1 688	3.69%	7239	5.71%	859	1.65%	703	3.10%	763	5.52%

资料来源：本书计算整理所得。

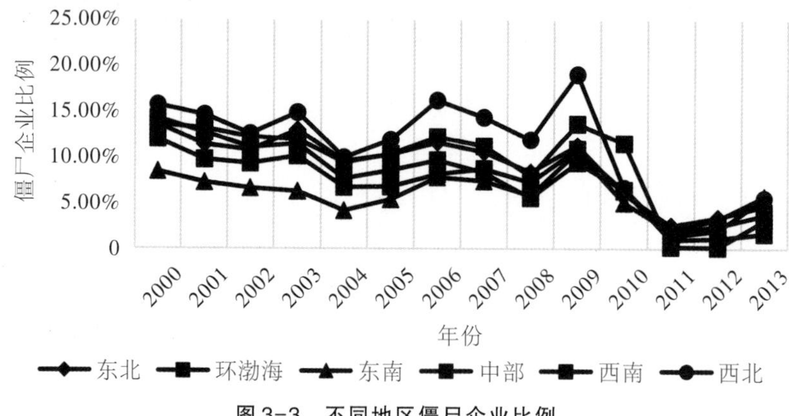

图3-3 不同地区僵尸企业比例

① 此外，黄少卿和陈彦（2017）也发现，东部、中部、西部和东北四大地区中，东部地区僵尸企业占比最低，中部地区最高；随着时间的推移，西部地区和东北地区的僵尸企业占比迅速提高。原因在于，西部地区市场制度不完善、政府干预较多，东北地区的国企所占比重较高。

（2）行业分布特征

僵尸企业具有显著的行业分布特征。由于我国行业分类经历了多次修正和调整，为了使行业在1998—2013年期间具有连续性和可比性，本书将GB/T 4754—1994年版的行业分类与GB/T 4754—2002年版的行业分类进行转换，进一步结合国民经济行业分类标准在2002年和2011年的调整目录，通过手工方式对四位数行业代码进行统一，并确保两位数行业代码统一到2011年标准。最终本书选择了30个CIC二位数代码行业对其僵尸企业比例特征进行了分析，[①]如图3-4所示。

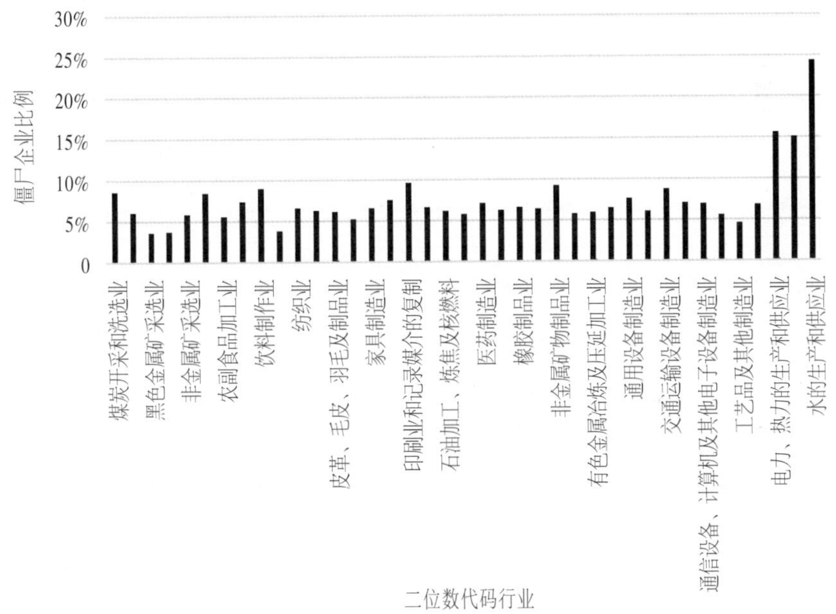

图3-4　不同行业僵尸企业比例特征

研究发现：从各行业僵尸企业的比例均值来看，电力、热力的生产

① 具体而言包括采矿业（B）：煤炭开采和洗选业（06）、石油和天然气开采业（07）、黑色金属矿采选业（08）、有色金属矿采选业（09）、非金属矿采选业（10）、其他采矿业（11）；制造业（C）：农副食品加工业（13）、食品制造业（14）、饮料制造业（15）、烟草制品业（16）、纺织业（17），纺织服装、鞋、帽制造业（18），皮革、毛皮、羽毛（绒）及其制品业（19），木材加工及木、竹、藤、棕、草制品业（20），家具制造业（21），造纸及纸制品业（22），印刷业和记录媒介的复制（23），文教体育用品制造业（24），石油加工、炼焦及核燃料加工业（25），化学原料及化学制品制造业（26），医药制造业（27），化学纤维制造业（28），橡胶制品业（29），塑料制品业（30），非金属矿物制品业（31），黑色金属冶炼及压延加工业（32），有色金属冶炼及压延加工业（33），金属制品业（34），通用设备制造业（35），专用设备制造业（36），交通运输设备制造业（37），电气机械及器材制造业（39），通信设备、计算机及其他电子设备制造业（40），仪器仪表及文化、办公用机械制造业（41），工艺品及其他制造业（42），废弃资源和废旧材料回收加工业（43），电力、热力的生产和供应业（44），燃气生产和供应业（45），水的生产和供应业（46）。

和供应业（44），燃气生产和供应业（45），以及水的生产和供应业（46）等公共事业行业僵尸企业比例要高于其他行业，分别为15.63%、15.07%以及24.38%，因为公共事业行业受公共外部性和政府规制因素的影响更大（黄少卿和陈彦，2017）。另外，包括煤炭开采和洗选业、石油和天然气开采业等上游行业，以及黑色金属冶炼及压延加工业、有色金属冶炼及压延加工业、化学原料及化学制品制造业等产能过剩的行业都拥有较高的僵尸企业比例，而且具有明显的经济周期行为。此外，具有劳动密集型、出口密集型特征的食品加工业、纺织业，皮革、毛皮、羽毛及制品业以及家具制造业等行业的僵尸企业比例也比较高。由于行业特征的差异，各行业僵尸企业的比例有所不同，主要原因在于，受2009年金融危机与宏观刺激政策的影响，上游行业受宏观经济政策影响较大，而且“保就业”的压力加剧了劳动密集型、出口型企业的僵尸化（聂辉华等，2016；何帆和朱鹤，2016；周琎等，2018；肖兴志等，2019）。

（3）所有制分布特征

僵尸企业的分布具有明显的企业所有制差异，如图3-5和表3-5所示，国有企业、集体企业中僵尸企业比例要高于其他类型企业，原因在于国有企业产权不清晰、激励机制不健全和委托代理等问题突出，导致生产效率和自生能力低下。但国有僵尸企业“僵而不死”有着深刻的制度背景，在分权体制下，地方政府面临着政治晋升、税收竞争以及就业保障的三重激励，这些都离不开国有企业的支持和保障，结果凸显出国有企业严重的预算软约束特征，即便是经营效率低下，也会因为政企合谋和政商关系等因素获得源源不断的银行信贷资源，地方政府往往会选择“睁一只眼闭一只眼”的态度对待国有僵尸企业的处置。相比较而言，民营企业、外资企业机制更活，更能够充分利用市场竞争机制提高企业的经营效率和盈利能力，因此僵尸企业所占比例偏低。

从数量来看，民营僵尸企业数量要远高于其他所有制企业，这意味着民营僵尸企业兼并与破产等处理波及面更广，未来处置僵尸企业需要分类指导，通过兼并重组以及完善破产清算等市场化机制实现僵尸企业的动态化“复活”或“退出”，避免直接行政干预对本地就业和市场信心产生较强的负面冲击（黄少卿和陈彦，2017）。

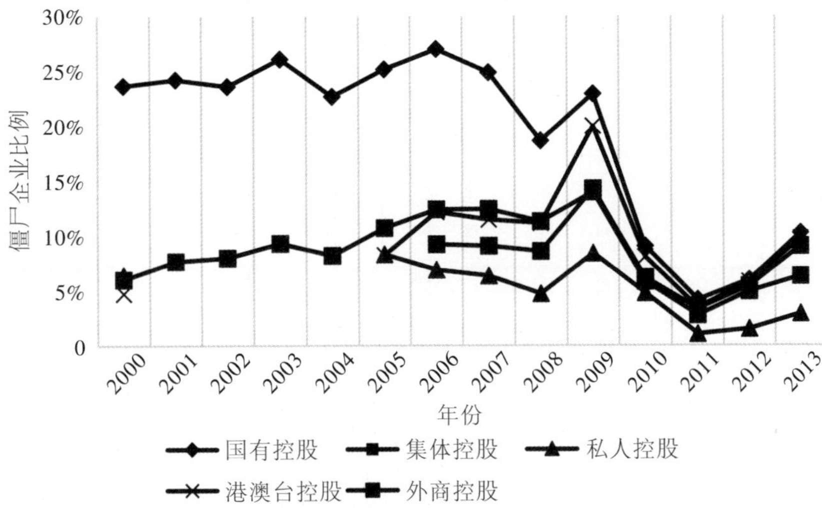

图3-5　不同所有制僵尸企业比例变化趋势

表3-5　　**不同所有制僵尸企业数量及比例**

年份	属性	僵尸企业数量	僵尸企业比例	年份	属性	僵尸企业数量	僵尸企业比例
2000	(1)	2 305	21.04%	2008	(2)	1 800	11.29%
	(2)	43	5.04%		(3)	11 773	4.70%
	(3)	54	6.27%		(4)	2 907	11.15%
	(4)	6	4.62%		(5)	2 436	8.57%
	(5)	1	25.00%		(9)	1 041	7.13%
	(9)	2 675	7.73%	2009	(1)	2 407	22.90%
2001	(1)	2 622	21.78%		(2)	1 275	13.96%
	(2)	86	6.87%		(3)	10 495	8.40%
	(9)	3 444	6.54%		(4)	3 069	19.96%
2002	(1)	2 721	21.48%		(5)	2 324	14.25%
	(2)	93	7.23%		(9)	1 297	10.92%
	(9)	4 074	6.09%	2010	(1)	1 479	8.95%
	(1)	3 348	26.05%		(2)	1 054	5.82%
	(2)	147	9.30%		(3)	7 367	4.75%
	(9)	5 563	6.24%		(4)	1 766	8.02%
2004	(1)	3 313	22.67%		(5)	1 577	6.14%
	(2)	203	8.19%	2011	(1)	527	4.14%

续表

年份	属性	僵尸企业数量	僵尸企业比例	年份	属性	僵尸企业数量	僵尸企业比例
2004	(9)	7 008	4.32%	2011	(2)	185	2.74%
2005	(1)	3 608	25.13%		(3)	1 759	1.04%
	(2)	252	10.71%		(4)	573	3.42%
	(3)	769	8.32%		(5)	642	3.32%
	(4)	104	8.21%		(9)	119	1.45%
	(9)	8 926	5.29%	2012	(1)	829	5.96%
2006	(1)	4 204	24.81%		(2)	350	4.92%
	(2)	2 274	12.06%		(3)	2913	1.51%
	(3)	10 516	6.67%		(4)	1 056	5.78%
	(4)	2 516	11.95%		(5)	1 118	5.40%
	(5)	1 962	8.87%		(9)	237	2.36%
2007	(1)	4 440	24.47%	2013	(1)	1 499	10.24%
	(2)	2 546	12.37%		(2)	411	6.30%
	(3)	12 501	6.30%		(3)	6 115	2.91%
	(4)	2 834	11.41%		(4)	1 790	9.71%
	(5)	2 353	9.00%		(5)	1 842	9.04%
2008	(1)	3 344	18.64%		(9)	564	4.86%

备注：所有制属性包括：国有控股（1）、集体控股（2）、私人控股（3）、港澳台控股（4）、外商控股（5）、其他（9）。判断标准：如果企业注册为国有企业，则直接判断为国有企业；如果企业注册为非国有企业，则依据实收资本金来判断，若总资本金中国有资本金占比超过50%，则划分为国有企业；如果注册为民营企业，则直接划分为民营企业；如果注册为非私有企业，则依据实收资本金来判断，如果总资本金中个人资本金占比超过50%，则为民营企业；有很多企业的state代码=0，为此本书通过计算资本金占比来进行重新计算。

（4）出口属性分布特征

表3-6和图3-6显示，出口企业中僵尸企业比例总体低于内销企业，一般意义上，出口企业享受更多的税收补贴与政策优惠，更容易被“补贴原则”识别为僵尸企业（申广军，2016），但与此同时，出口企业往往是具有长期增长与盈利能力的企业，在本书更为严格的识别标准下，具有长期增长与盈利能力的企业被剔除，降低了出口企业中僵尸企

业的比例。此外，金融危机背景下，中国经济遭受了巨大的外部需求冲击，这对中国的出口企业造成了巨大的影响，导致出口企业订单不足、商品滞销、资金周转困难以及撤资频发等，加速了企业的僵尸化水平（聂辉华等，2016；黄少卿和陈彦，2017），导致出口企业中僵尸企业比例从2008年的6.22%激增到2009年的13.43%。

表3-6　　出口及内销企业中僵尸企业的比例

年份	出口企业	内销企业
2000	10.59%	12.02%
2001	9.06%	10.36%
2002	8.10%	9.46%
2003	7.48%	9.34%
2004	5.41%	6.09%
2005	6.50%	7.17%
2006	9.07%	9.59%
2007	9.09%	8.48%
2008	6.22%	6.80%
2009	13.43%	10.34%
2010	5.54%	5.62%
2011	1.53%	1.77%
2012	2.16%	2.95%
2013	3.58%	5.49%

资料来源：本书计算整理所得。

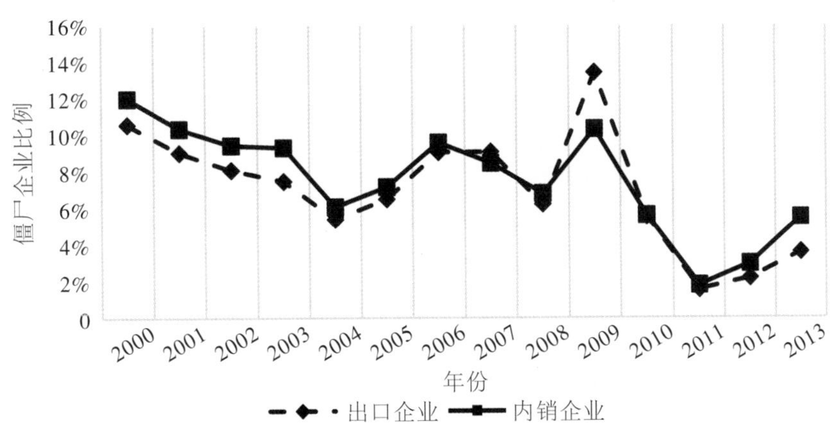

图3-6　出口及内销企业中僵尸企业比例变化趋势

3.2.4 企业僵尸化指数的测度

现有关于僵尸企业识别的文献研究，主要关注企业在当年是否为僵尸企业，仅从识别指标上进行些微修正，忽略了僵尸企业间存在着僵尸化程度的差异，以及全部样本企业在发展过程中被僵尸化的概率。目前只有栾甫贵和刘梅（2018）、周琎等（2018）两篇文章基于具有较全财务指标的上市公司数据，对僵尸企业的僵尸指数进行构建和分类，但是由于上市公司有一定的门槛条件，且其样本覆盖范围并不能代表中国生产经营企业的全貌，因此其测度方法和样本选择有待进一步深化和拓展。

本书首次基于中国工业企业数据，采用时间跨度16年（1998—2013年）、涵盖782 459家企业的3 472 699个观测值样本，在识别出企业当年是否为僵尸企业的基础上，选取僵尸企业特征指标纳入二元Logit模型，进而估计出全部样本企业的僵尸化程度。

（1）指标选择

根据僵尸企业所具备的经营持续亏损、资不抵债，依靠“常青贷款”的补贴而存活的属性，本书选取多个维度的指标对应该类企业的特征，与周琎等（2018）、栾甫贵和刘梅（2018）不同，本书特征变量的选取更倾向于哪些因素会明显导致僵尸企业的形成或企业僵尸化，具体包括超额信贷补贴、销售产值增长率、投资回报率、企业杠杆率和企业生产率等，纳入二元Logit模型，通过回归分析得到相应权重系数，并测算出全部样本企业的僵尸化概率指数。

本书选取以下特征变量，具体含义如下：

①gap为超额信贷补贴（excess credit subsidy），用以度量企业获得“输血”的程度，预期符号为（-），即超额信贷补贴越高（获得的额外补贴越少），越不可能是僵尸企业，反之信贷补贴越低（获得的额外补贴越多），越有可能是僵尸企业，这在识别0-1变量过程中已得到证明。

②perform为销售产值增长率，用以度量企业生产的经营绩效，采用企业当年与上年工业销售产值的差值，再与上年工业销售产值之比来度量，预期符号为（-），即企业经营绩效越好，越不可能是僵尸企业。

③ROI为投资回报率，用以度量企业经营绩效中的投融资行为，以

企业利润与投资额的比值来度量，预期符号为（-），即企业投资回报率越高，越不可能成为僵尸企业。

④leverage为杠杆率，用以考察企业是否具有拒绝陷入“常青贷款”困境的偿债能力，采用企业资产负债率来衡量，预期符号为（+），即企业杠杆率越高，越可能是僵尸企业。

⑤lntfp为企业生产率，用以度量企业是否具备能够克服短期经营困难、实现扭亏为盈的自生成长能力，以OP方法测算[①]，预期符号为（-），即企业生产率越高，越不可能是僵尸企业。

在进行回归分析前，为排除极端值可能会对估计结果造成的偏误影响，对各特征变量进行首尾1%的缩尾处理。度量企业僵尸化程度的五个变量的描述性统计见表3-7。

表3-7 **企业僵尸化指标特征的描述性统计**

变量名	变量说明	样本量	平均值	标准差	最小值	最大值
gap	超额信贷补贴	2 322 460	0.005	0.090	-0.058	0.645
perform	销售产值增长率	2 400 443	0.401	1.276	-0.870	8.726
ROI	投资回报率	3 384 449	0.764	2.089	-1.927	14.729
lntfp	企业生产率	1 052 055	5.208	0.914	2.843	7.606
leverage	杠杆率	3 407 584	0.601	0.336	0.012	1.758

资料来源：作者通过stata15计算整理。

本书选取特征变量在僵尸企业与正常企业两组中的组间差异检验见表3-8。可以发现，各特征变量具有显著的组间差异，均通过了双侧的T检验，且均值之差与僵尸企业特征相吻合，说明本书指标选取较为合理，而具体模型回归系数预期的准确性有待进一步验证。

表3-8 **企业僵尸化指标特征变量的组间差异检验**

变量与说明	正常企业		僵尸企业		组间差异
	G1(nzb)	Mean1	G2(zb)	Mean2	MeanDiff
超额信贷补贴（gap）	2 007 322	0.010	315 138	-0.025	0.035^{***}
销售产值增长率（perform）	2 087 343	0.442	313 100	0.127	0.315^{***}
投资回报率（ROI）	3 072 279	0.852	312 170	-0.107	0.959^{***}

① 部分年份工业增加值缺失的补全办法，详见本书4.1.2微观企业数据处理过程。

续表

变量与说明	正常企业		僵尸企业		组间差异
	G1(nzb)	Mean1	G2(zb)	Mean2	MeanDiff
企业生产率（lntfp）	956 792	5.264	95 263	4.645	0.619***
杠杆率（leverage）	3 093 106	0.582	314 478	0.792	−0.211***
僵尸化指数（pr）	913 664	0.069	94 869	0.632	−0.563***

资料来源：作者通过stata15计算整理。

（2）企业僵尸化的测度

包含上述5个特征变量的Logit模型构建如下：

$$\text{Logit}(zombie)=\alpha+\beta_1\cdot gap+\beta_2\cdot perform+\beta_3\cdot ROI+\beta_4\cdot leverage+\beta_5\cdot lntfp \quad (3\text{-}1)$$

其中，zombie为哑变量，当企业被识别为僵尸企业时，取值为1，企业为正常企业时，取值为0。

企业僵尸化程度的Logit模型估计结果见表3-9，5个特征变量中除perform的系数在5%的水平下显著外，其他均在1%的水平下显著，具备较高的解释能力。同时各变量的系数的符号与预期相吻合，超额信贷补贴、销售产值增长率、投资回报率、企业生产率与企业僵尸化呈现负相关关系，即企业获得的额外补贴越少、企业经营绩效越好、投资回报率越高、企业自身生产率越高，越不容易形成僵尸企业；杠杆率与企业僵尸化呈显著正相关关系，即杠杆率越高，企业越容易僵尸化。各变量解释了僵尸企业长期依赖补贴、经营绩效差、高负债、缺乏内生成长动力的特征，具有显著的预警作用。

表3-9 企业僵尸化程度的Logit模型回归结果

	相关系数	标准误	Z值	P值
gap	−24.215***	2.667	−9.080	0.000
perform	−0.120**	0.058	−2.070	0.039
ROI	−0.104***	0.011	−9.380	0.000
lntfp	−0.498***	0.065	−7.710	0.000
leverage	2.361***	0.195	12.130	0.000
常数项	−1.595***	0.344	−4.640	0.000
Pseudo R2 = 0.786				
LR chi2(5) = 456.410				
Prob > chi2 = 0.000				

资料来源：作者通过stata15计算整理。

(3) 企业僵尸化指数的分布对比

根据Logit模型估计结果，进而可以得到测度全部样本企业的僵尸化程度指数的拟合值，即企业僵尸化的概率pr，其描述性特征见表3-10。全部样本企业的僵尸化指数分布比较离散，体现了现实情形下企业的差异化。

表3-10　　全部样本及分组企业僵尸化指数的描述性特征

变量名	变量说明	样本量	平均值	标准差	最小值	最大值
pr	僵尸化指数	1 008 533	0.122	0.186	0.000	0.999
pr（zombie2=1）	僵尸企业	94 869	0.632	0.134	0.443	0.999
pr（zombie2=0）	正常企业	913 664	0.069	0.082	0.000	0.476

资料来源：作者通过stata15计算整理。

从僵尸企业与正常企业的僵尸化指数分组来看：①正常企业的僵尸化指数最大值为0.476，小于0.5，说明本书识别方法中不存在误判的情况，再次说明选择特征变量的合理性和充分性；②僵尸企业的僵尸化指数最小值为0.443，其中大于0.5的有81 179个样本，占基于修正FN-CHK方法识别出的94 869个僵尸企业的85.57%，具有较强的解释能力和较高的测度准确性。

3.3 产业政策各个核心环节与企业僵尸化关系的特征事实

在本章前两节分别介绍产业政策的核心环节以及企业僵尸化的识别测度的基础上，本节主要以数据图表的形式给出两者之间关系的特征事实，作为本书后续章节从不同研究视角给出具体的理论分析和实证验证的基础。

3.3.1 产业政策的扶持力度强弱与企业僵尸化

(1) 产业政策目录频次与僵尸企业占比行业对比

首先依据产业政策的扶持力度强弱不同，将各个省份的五年规划文本提及的产业划分为A类和B类重点产业[①]，随后汇总统计到二位数代

① 详见本书4.1.1产业政策的文本识别。

码重点产业出现的次数，以此衡量地方政府在规划制定中对不同行业的重视程度或扶持力度强弱，表3-11列示了不同规划时期前5位二位数代码重点产业排序。

表3-11 **不同规划时期重点产业出现频次排序前5位**

	"九五"规划	"十五"规划	"十一五"规划	"十二五"规划
1	化学原料和化学制品制造业	食品制造业	医药制造业	医药制造业
2	铁路、船舶、航空航天和其他运输设备制造业	化学原料和化学制品制造业	食品制造业	食品制造业
3	专用设备制造业	铁路、船舶、航空航天和其他运输设备制造业	通用设备制造业	化学原料和化学制品制造业
4	通用设备制造业	酒、饮料和精制茶制造业	农副食品加工业	通用设备制造业
5	金属制品、机械和设备修理业	医药制造业	化学原料和化学制品制造业	农副食品加工业

资料来源：本书整理所得。

通过对比表3-11重点产业出现频次排序前5位行业与图3-4不同行业僵尸企业比例特征，可以发现两类行业并不重合，表明地方产业政策的扶持导向与行业内僵尸企业占比以及企业僵尸化存在高度的外生性，因此考察产业政策的扶持力度强弱对企业僵尸化的影响具有合理性和实证可行性。

同时，通过三位代码加总到两位代码的频率统计，不同规划时期五年规划的产业具有高度重合性，这与宋凌云和王贤彬（2013b）的统计结果类似，这一现象背后的直接成因可能在于：同一规划时期内地方各省份都倾向于选择若干类似的产业作为本地的重点扶持产业，或者更进一步来说，中央政府出台的五年规划产业政策目录是地方政府制定"相似"产业政策目录的诱因（吴意云和朱希伟，2015），这也验证了本书从央地政策传递偏差视角考察产业政策实施对企业僵尸化影响的必要性。

（2）重点与非重点产业内企业僵尸化均值差异

为进一步了解五年规划中重点产业政策扶持力度强弱与企业僵尸化的关系，本书按照重点与非重点产业目录的不同识别类型，对重点产业与非重点产业内的企业僵尸化程度进行了组间均值差异检验，结果见表3-12，可以明显看出：

①不区分两类重点产业，即将A、B两类统归为重点产业，其他行业为非重点产业，则重点产业组内企业僵尸化指数明显高于非重点产业组内企业。

②设定重点产业只包括A类产业，B类产业归为非重点产业，则重点产业组内企业僵尸化指数仍然显著高于非重点产业组，而且组间均值差异更高。

③以B类产业为重点产业，除去A、B两类以外的其他行业为非重点产业，则重点产业组内企业的僵尸化指数稍微低于非重点产业组，而且显著性较低。

表3-12　**重点产业与非重点产业的企业僵尸化组间均值差异**

变量与说明	非重点产业企业		重点产业企业		组间差异	产业划分依据
	G1（nzb）	Mean1	G2（zb）	Mean2	MeanDiff	
企业僵尸化指数（pr）	897 928	0.118	110 278	0.155	-0.037^{***}	A、B类为重点，其他非重点
	932 475	0.119	75 731	0.163	-0.044^{***}	A类为重点，其他非重点
	897 928	0.119	34 547	0.117	0.002^{*}	B类为重点，A、B类以外非重点

资料来源：本书通过stata15计算整理。

上述结果表明，以A、B两类行业划分的重点产业政策目录对企业僵尸化的影响具有明显的差异性，再次证明本书产业政策识别的合理性以及将产业政策扶持力度强弱作为研究视角的可探索性。

3.3.2 产业政策实施中官员行为特征与企业僵尸化

（1）官员来源、去向与更替对产业政策实施影响的企业僵尸化均值差异

考虑到本书研究官员行为特征对产业政策实施效果的干预影响，其中官员的来源、去向与更替的设定是虚拟变量[①]，因此对官员行为特征在产业政策实施过程中企业僵尸化进行组间均值差异研究十分必要。

需要说明的是，以官员来源为例，此处组别的划分是“官员来源于中央的重点产业企业”与“官员来源于非中央的非重点产业企业”，以此来体现官员行为特征在产业政策实施中的干预影响不同。同时，本书还对比区分了省委书记与省长不同职位官员的异质性。

表3-13给出了官员来源在A、B两类产业政策实施中的企业僵尸化组间均值差异。可以发现，省委书记与省长是否来源于中央在两类产业政策的实施中产生了截然不同的效果。

表3-13 官员来源在A、B两类产业政策实施中的企业僵尸化组间均值差异

变量与说明	书记来源于非中央		书记来源于中央		组间差异	行业划分依据
	G1（nzb）	Mean1	G2（zb）	Mean2	MeanDiff	
企业僵尸化指数（pr）	987 884	0.122	19 340	0.152	−0.030***	A类重点产业
	921 426	0.119	10 232	0.105	0.014***	B类重点产业
变量与说明	省长来源于非中央		省长来源于中央		组间差异	行业划分依据
	G1（nzb）	Mean1	G2（zb）	Mean2	MeanDiff	
企业僵尸化指数（pr）	830 221	0.112	177 985	0.124	−0.012***	A类重点产业
	763 110	0.121	169 365	0.107	0.014***	B类重点产业

资料来源：本书通过stata15计算整理。

表3-14给出了官员去向在A、B两类产业政策实施中的企业僵尸化组间均值差异。可以发现，与官员来源不同，官员去向是否为中央在两类重点产业政策实施中政策效果类似，但是省委书记与省长的不同职位呈现出一定的政策偏差，足以说明一定的官员行为特征的问题，以及本书将官员行为特征考虑到作为产业政策实施过程中的干预因素的合理性。

① 详见本书5.2.3官员行为特征的变量选取与指标说明。

表3-14　官员去向在A、B两类产业政策实施中的企业僵尸化组间均值差异

变量与说明	书记去向非中央		书记去向中央		组间差异	行业划分依据
	G1（nzb）	Mean1	G2（zb）	Mean2	MeanDiff	
企业僵尸化指数（pr）	968 637	0.12	38 587	0.17	−0.050***	A类重点产业
	917 577	0.118	14 081	0.138	−0.020***	B类重点产业
变量与说明	省长去向非中央		省长去向中央		组间差异	行业划分依据
	G1（nzb）	Mean1	G2（zb）	Mean2	MeanDiff	
企业僵尸化指数（pr）	643 343	0.124	364 863	0.12	0.004***	A类重点产业
	592 498	0.12	339 977	0.117	0.002***	B类重点产业

资料来源：本书通过stata15计算整理。

表3-15给出了官员更替在A、B两类产业政策实施中的企业僵尸化组间均值差异。可以发现，与官员去向类似，官员是否发生更替在两类重点产业政策实施中政策效果类似，但是省委书记与省长不同职位的官员是否更替会带来截然不同的政策效果。

表3-15　官员更替在A、B两类产业政策实施中的企业僵尸化组间均值差异

变量与说明	书记无更替		书记更替		组间差异	行业划分依据
	G1（nzb）	Mean1	G2（zb）	Mean2	MeanDiff	
企业僵尸化指数（pr）	993 264	0.122	13 960	0.152	−0.031***	A类重点产业
	924 510	0.119	7 148	0.126	−0.008***	B类重点产业
变量与说明	省长无更替		省长更替		组间差异	行业划分依据
	G1（nzb）	Mean1	G2（zb）	Mean2	MeanDiff	
企业僵尸化指数（pr）	827 873	0.124	180 333	0.113	0.012***	A类重点产业
	764 174	0.121	168 301	0.109	0.012***	B类重点产业

资料来源：本书通过stata15计算整理。

（2）官员年龄与任期对产业政策实施影响与企业僵尸化的关系

图3-7给出了省委书记年龄对A、B两类产业政策实施影响与企业僵尸化的散点图和线性拟合关系，由于官员年龄的跨度较大，因此拟合线的走向比较平稳，没有显示出明显的正向或负向关系[①]。

① 省长年龄对A、B两类产业政策实施影响与企业僵尸化的关系呈现同样的平稳特征，在此省略。

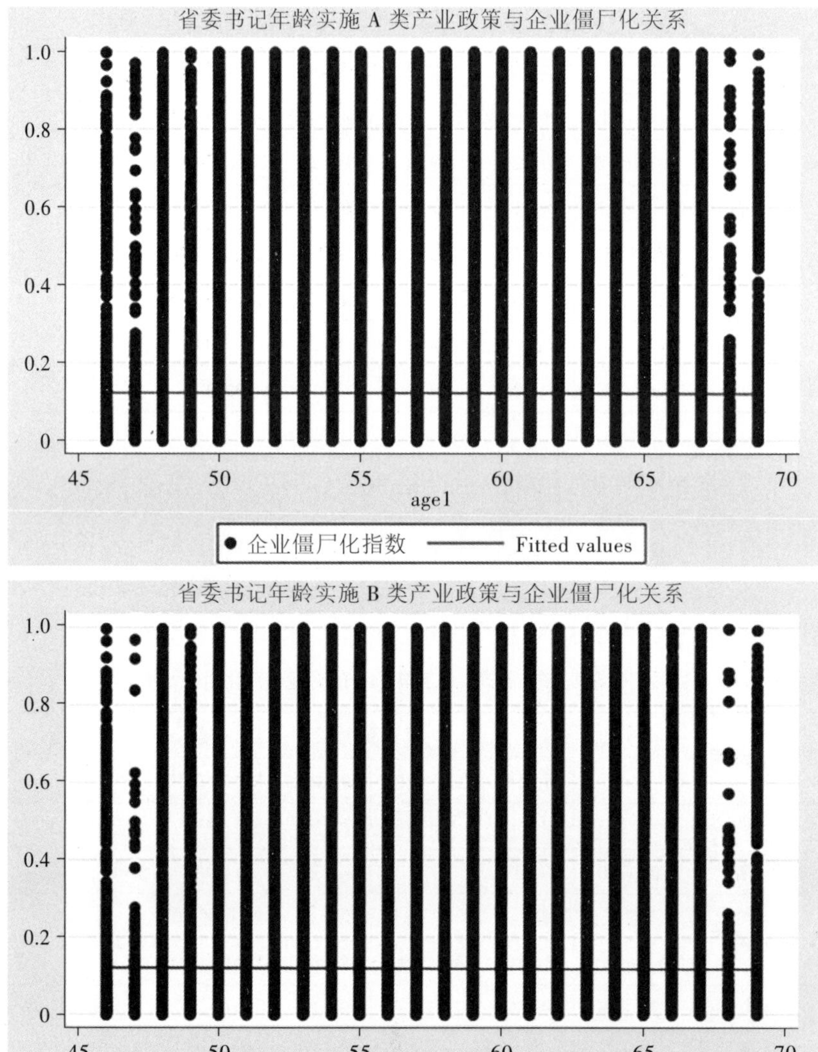

图 3-7　省委书记年龄对 A、B 两类产业政策实施影响与企业僵尸化的关系

下面重点关注官员任期对产业政策实施的影响与企业僵尸化的关系，图 3-8 和图 3-9 分别给出了省委书记、省长的任期对 A、B 两类产业政策实施影响与企业僵尸化的散点图和线性拟合关系。

可以发现，在两类重点产业政策实施过程中，省委书记的任期与企业僵尸化之间存在明显正相关关系，即省委书记的任期越长，产业政策实施越加剧企业的僵尸化程度；而省长的任期则与企业僵尸化之间均存在明显负相关关系，即省长的任期越长，产业政策实施越抑制企业的僵尸化程度。这一特征事实再次说明，官员任期的行为特征会对产业政策实施的企业僵尸化影响产生干预作用，其政策效果会呈现一定的差异性。

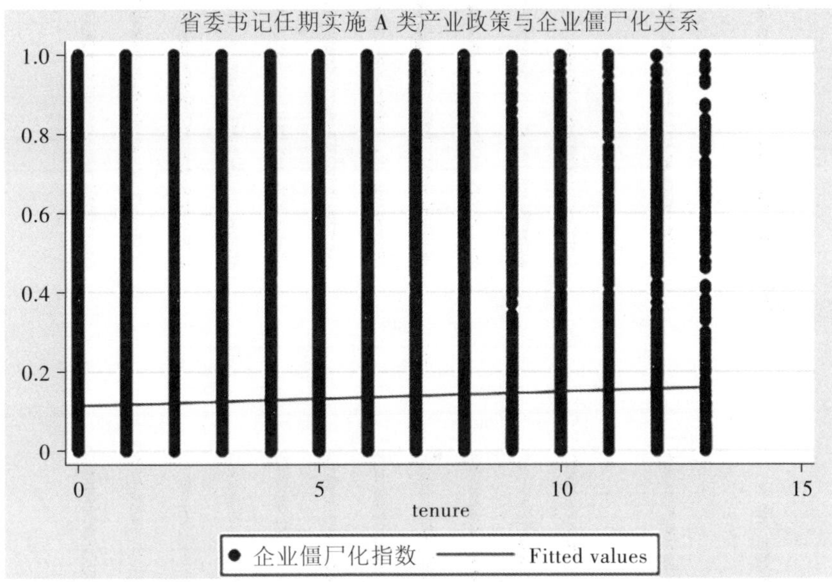

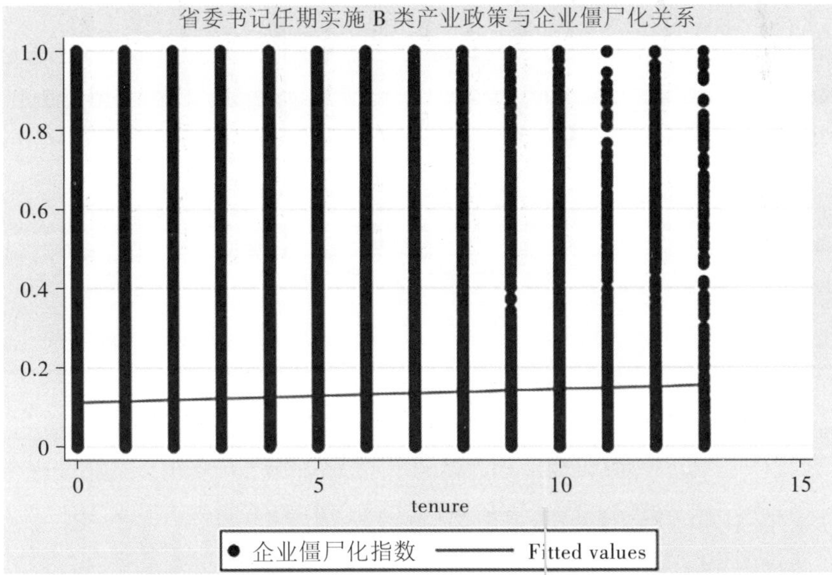

图3-8　省委书记任期对A、B两类产业政策实施影响与企业僵尸化的关系

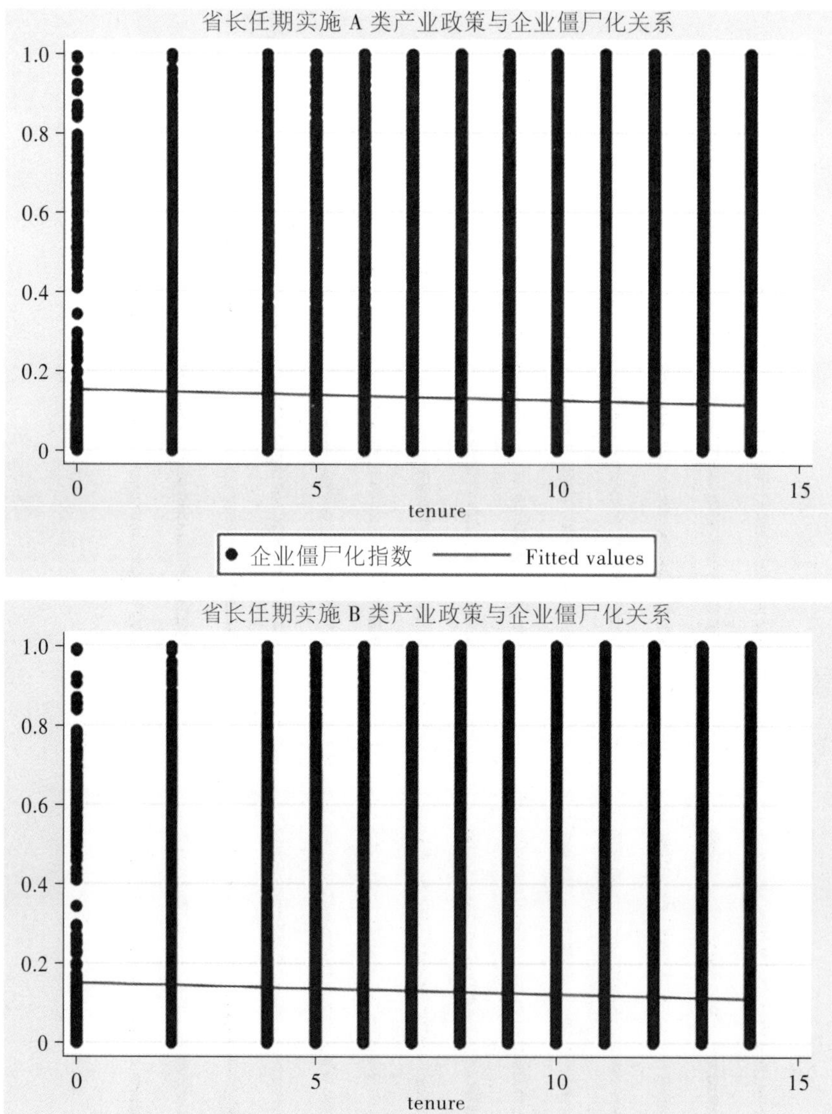

图 3-9　省长任期对 A、B 两类产业政策实施影响与企业僵尸化的关系

当然，本小节仅仅列示出一些官员行为特征在产业政策实施过程中对企业僵尸化影响的偏差效应，具体的作用机制与现实原因有待于第 5 章进一步分析。

3.3.3 产业政策的央地传递偏差与企业僵尸化

（1）央地产业政策重合的企业僵尸化均值差异

首先来看央地产业政策传递中扶持行业偏好对企业僵尸化影响的异质性，表3-16给出了十大产业振兴规划与省份A、B类重点产业政策重合与否①的企业僵尸化分组均值差异。

表3-16 央地产业政策传递的企业僵尸化组间均值差异

变量与说明	央地政策不重合		央地政策重合		组间差异	行业划分依据
	G1（nzb）	Mean1	G2（zb）	Mean2	MeanDiff	
企业僵尸化指数（pr）	967 764	0.122	40 442	0.183	-0.061***	十大产业与省份A类重点产业
	914 193	0.119	18 282	0.068	0.051***	十大产业与省份B类重点产业

资料来源：本书通过stata15计算整理。

可以发现，十大产业振兴规划与省份A类重点央地产业政策重合行业的企业僵尸化程度显著高于央地产业政策不重合的行业；而十大产业振兴规划与省份B类重点产业政策重合行业的企业僵尸化程度则显著低于央地产业政策不重合的行业。该特征事实说明，地方产业政策制定上对中央的效仿会存在扶持强度的偏好差异，由此对企业僵尸化的影响会存在不同的政策效果。

（2）央地产业政策的支持强度与企业僵尸化的关系

图3-10给出了省级五年规划对十大产业的支持强度②与企业僵尸化的散点图和线性拟合关系，可以看出央地产业政策的支持强度与企业僵尸化之间呈现明显正相关关系，即地方对中央产业政策的支持强度越高，产业政策的实施越会加剧企业的僵尸化程度。

综上所述，本节以数据图表的形式分别给出产业政策各个环节与企业僵尸化关系的一些特征事实，第4章至第6章则从产业政策的扶持力

① 产业重合的识别方法详见本书6.2.1十大产业振兴规划与地方五年规划的扶持偏好。
② 支持强度计算方法详见本书6.2.2地方五年规划对十大产业的支持强度。

度强弱、官员实施干预、央地传递偏差三个角度进行具体的实证检验与分析。

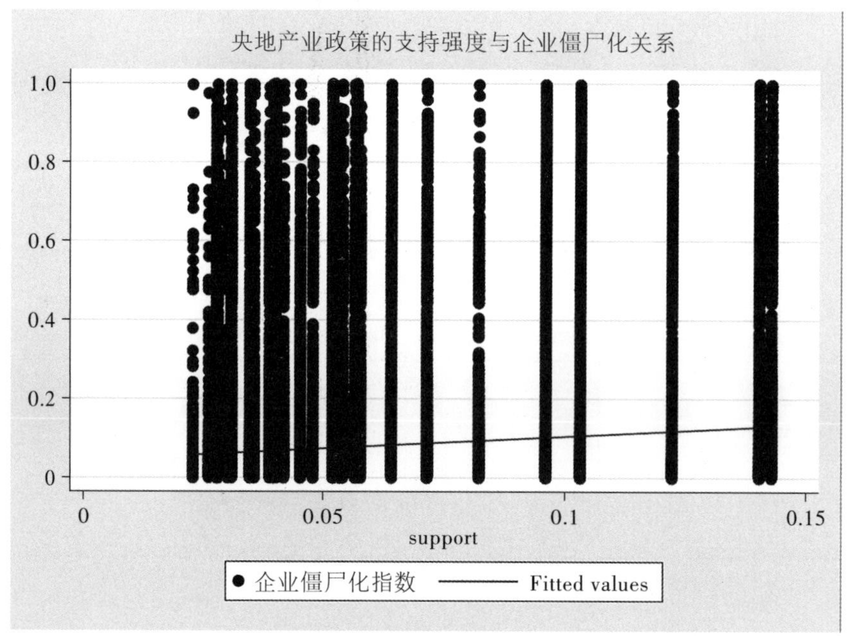

图3-10 央地产业政策的支持强度与企业僵尸化的关系

4 产业政策“扶持力度强弱”对企业僵尸化的影响

在前文给出理论逻辑与基本事实的基础上，本章与第5章、第6章分别从产业政策制定实施的三个核心环节（扶持力度强弱、官员实施干预、央地传递偏差）展开产业政策对企业僵尸化影响的具体理论假设与实证检验分析。

本章主要是通过省级五年规划的目录文本，识别出省级政府产业政策的目标导向，并根据文本中行业定位与扶持偏向的差异区分出扶持力度强弱不同的两类重点产业政策，随后基于理论假设进行实证检验，考察产业政策的扶持力度强弱对企业僵尸化程度影响的政策效应及其作用渠道。

需要说明的是，本章对产业政策影响效果的考察，不仅关注其对某些具体行业确立的目标导向，而且进一步区分其扶持力度的强弱，因此本章统称的“扶持力度强弱”的准确含义是指产业政策目标导向的扶持强弱，以此来探究其对企业僵尸化的差异影响。

4.1 产业政策识别及相关理论假设

本节首先分别详细介绍了产业政策的省级五年规划文本识别与企业僵尸化的微观数据处理过程，随后给出产业政策扶持力度强弱对企业僵尸化影响的相关理论假设，为后续实证检验作基础分析。

4.1.1 产业政策的文本识别

关于省级产业政策目标导向的度量，即省级五年规划扶持的行业目录识别，本书主要参考宋凌云和王贤彬（2013b）、吴意云和朱希伟（2015）以及张莉等（2017）的研究，收集中国30个省份公布的“九五”“十五”“十一五”“十二五”4个阶段的国民经济和社会发展五年规划[①]，从中提取各省产业发展扶持导向的目录文本，将其与国家统计局发布的不同时期《国民经济行业分类》（GB/T 4754—1994、GB/T 4754—2002、GB/T 4754—2007、GB/T 4754—2011）相对应，确定重点产业政策的三位数行业代码[②]。

进一步地，本书又根据各省五年规划中提及产业定位与发展偏向语气词，划分出扶持力度强弱不同的两类重点产业政策，以此来衡量产业政策的“扶持力度强弱”。

具体而言，本书在对五年规划中提及的产业，从语气词进行判定为A类、B类重点产业，遵循的原则如下：①在各省规划中定性为“支柱产业”“主导产业”“先导产业”“重点发展产业”“突破发展产业”“优势产业”“潜力产业”的产业，或者用“重点发展”“大力发展”“做大做强”等词语描述的未来五年发展目标的产业，定义为A类重点产业；②在规划中定性为“基础产业”的产业或者以“着力培育”“积极发展”“加速发展”“壮大规模”“合理发展”等词语描述的发展目标产业，定义为B类重点产业；③关于部分省份以多个行业的统称或以行业代表性

---

① 如《广西壮族自治区国民经济和社会发展第十个五年计划纲要》（2001年）等。

② 现有重点产业目录的研究大多识别到二位数行业代码，本书则根据各省五年规划原文细化到三位数行业，更为精确地考察行业特性。当然，这一拓展增加了更多的工作量，也是本书数据处理方面的一个优势。

产品指代的产业，如高新技术产业、信息产业等，参照吴意云和朱希伟（2015）的做法，进一步查询相应省份的工业五年规划并用国家统计局和各省统计局编制的产业统计分类标准进行对照，将新材料、新能源产业准确对应；④未被各省五年规划中提及的行业，则被归为非重点的其他产业。

限于篇幅，根据省级五年规划目录识别的A类重点产业、B类重点产业明细，详见附录中的“附表1 各省五年规划重点扶持行业文本识别目录”。

为方便从整体上把握本书识别各省五年规划中重点产业政策的样本全貌，限于三位数行业代码的数量较多，本书进一步分别统计了31个二位数代码产业[①]在不同规划时期被识别为A类和B类重点产业的次数，统计结果见表4-1。

表4-1 不同时期二位数代码产业被选为A类和B类重点产业的次数统计

产业代码	产业名称	“九五”规划		“十五”规划		“十一五”规划		“十二五”规划	
		A类重点	B类重点	A类重点	B类重点	A类重点	B类重点	A类重点	B类重点
13	农副食品加工业	46	28	40	30	51	30	40	29
14	食品制造业	43	28	42	36	52	31	41	29
15	酒、饮料和精制茶制造业	40	28	41	33	34	31	32	29
16	烟草制品业	34	25	31	28	29	28	28	27
17	纺织业	32	28	30	30	40	31	35	29
18	纺织服装、服饰业	35	28	38	32	32	30	30	28
19	皮革、毛皮、羽毛及其制品和制鞋业	32	28	31	31	35	30	32	28
20	木材加工和木、竹、藤、棕、草制品业	37	28	34	29	32	29	30	28
21	家具制造业	29	27	31	30	32	30	29	27
22	造纸和纸制品业	38	28	36	30	35	30	31	28

① 与宋凌云和王贤彬（2013b）统计的二位数代码产业只有30个不同，本书增添了“十二五”规划文本，并且使用的工业企业数据包含2011—2013年，全部样本最终统一到了2011年修订的《国民经济行业分类》国家标准（GB/T 4754—2011），因此二位数代码行业有31个。

续表

产业代码	产业名称	"九五"规划		"十五"规划		"十一五"规划		"十二五"规划	
		A类重点	B类重点	A类重点	B类重点	A类重点	B类重点	A类重点	B类重点
23	印刷和记录媒介复制业	30	28	31	31	30	30	30	29
24	文教、工美、体育和娱乐用品制造业	28	28	30	30	29	29	27	26
25	石油加工、炼焦和核燃料加工业	28	28	29	29	48	29	39	29
26	化学原料和化学制品制造业	54	28	45	32	50	30	40	30
27	医药制造业	47	28	40	33	57	30	43	29
28	化学纤维制造业	31	19	32	27	30	28	27	24
29	橡胶和塑料制品业	28	28	30	30	30	30	29	28
30	非金属矿物制品业	39	28	31	31	32	30	31	29
31	黑色金属冶炼和压延加工业	30	26	34	30	37	30	33	29
32	有色金属冶炼和压延加工业	48	27	33	30	43	30	36	29
33	金属制品业	45	28	36	33	48	31	39	29
34	通用设备制造业	48	28	40	30	52	30	40	29
35	专用设备制造业	48	28	40	31	43	30	36	29
36	汽车制造业	46	28	36	31	44	28	36	29
37	铁路、船舶、航空航天和其他运输设备制造业	52	28	42	33	48	31	38	27
38	电气机械和器材制造业	28	28	30	30	30	30	30	30
39	计算机、通信和其他电子设备制造业	28	28	32	32	31	31	29	28
40	仪器仪表制造业	28	28	31	31	29	29	29	29
41	其他制造业	20	20	19	19	24	14	23	22
42	废弃资源综合利用业	8	8	10	10	27	12	28	28
43	金属制品、机械和设备修理业	48	28	39	31	33	30	31	29

资料来源：本书整理计算所得。

4.1.2 微观企业数据处理过程

本书对僵尸企业的识别与企业僵尸化指数的测度，采用的是1998—2013年中国工业企业数据库，涵盖了全部国有工业企业以及规模以上（主营业务收入在500万元及以上[①]）的非国有工业企业。为解决数据库存在的诸如样本重合、指标缺失、测度误差明显等问题（聂辉华等，2012），根据实际需要，进行了如下几方面的处理：

匹配合并。在参考Brandt et al.（2012）、杨汝岱（2015）处理方法的基础上，对原始样本进行整理。首先以“法人代码”进行匹配，若有匹配不上或“法人代码”重复，则进而用“企业名称”匹配；若“企业名称”匹配不上或重复，则进而用“电话号码+地区（市）[②]”进行匹配；以此类推，采用“地区（市）+行业（三位数）+主要产品”、“开工年份+地区（县）+行业（四位数）+邮政编码”、“法人代码+登记注册类型+国有控股情况”共计包含12个变量组成的6组基准指标，并逐步分邻近两年、邻近三年、最后统一匹配到1998—2013年的非平衡面板数据集。

剔除异常值。删除核心指标缺失或为负的样本，包括企业总资产、工业总产值、实收资本以及固定资产净值年平均余额等指标；删除与一般会计准则不符合的样本，如总资产小于流动资产、总资产小于固定资产以及利润率大于1；删除就业人数小于8的企业。

行业代码调整。由于《国民经济行业分类》国家标准在2002年和2011年进行过两次调整修订，中国工业企业数据库中1998—2002年数据样本采用的是1994年版的《国民经济行业分类》标准（GB/T 4754—1994）；2003—2011年数据样本采用的是2002年版的标准（GB/T 4754—2002）；2012—2013年数据样本则采用的是2011年版的标准（GB/T 4754—2011）。因此，为了保证行业在1998—2013年期间具有连续性和可比性，本书手工整理了四位数行业代码在2002年和2011年前后调整

① 工业企业数据库在2011年对规模以上的统计门槛从年营业额500万元提高到2 000万元，考虑到经济发展阶段和为了尽量不漏损信息，本书以所有规模以上企业样本进行分析。

② 由于2008年数据的地址代码缺失严重，本书依次采用企业代码、邮政编码来进行补充。

变化的对应表[①]，数据处理上是先将GB/T 4754—1994标准转换到GB/T 4754—2002标准，然后将GB/T 4754—2002标准转换到GB/T 4754—2011标准，最终将数据库的行业代码统一到了2011年《国民经济行业分类》标准。

地区代码调整。1998—2013年中国工业企业数据库的地区行政代码在不同年份差异较大，部分企业仅统计到省级，或仅到地市级，又或者仅报告了市辖区汇总码而没有到具体的区县，因此本书首先根据“企业地址代码”指标生成补全企业所在地区的省、市、县的行政代码[②]。其次，考虑到样本期间内地级市、区县的行政区划代码因“撤县设市”等状况发生变动和调整，本书基于《中华人民共和国行政区划代码》，并依据民政部公布的“1980—2017年中华人民共和国行政区划代码及变更情况”[③]，逐年通过合并、替换变更、删除或增加等方式，将1998—2013年中国工业企业数据库的地区行政代码调整到统一标准[④]，以使得地区代码具有连续性和可比性。

价格平减。为消除通货膨胀的价格影响，本书以样本初始年份1998年为基期，利用工业生产者出厂价格指数、工业生产者购买价格指数以及固定资产投资价格指数[⑤]分别对工业总产值、工业增加值、中间投入、本年折旧、固定资产合计及固定资产净值年平均余额进行价格平减。

由于工业企业数据库数据并不是基于学术研究而建立的，因此存在部分缺失值，本书参照聂辉华和贾瑞雪（2011）、鲁晓东和连玉君（2012）、杨汝岱（2015）、韩超等（2017）使用固定资产合计、固定资产净值年平均余额、本年折旧[⑥]等变量，通过永续盘存法计算得到企业层面的投资和资本存量。同时，根据盖庆恩等（2015）对工业增加值缺

---

① 感兴趣的读者可与作者联系。

② “企业地址代码”的前两位数为企业所在省份的行政代码、前四位数为企业所在地级市的行政代码、前六位数为所在区县的行政代码。

③ 中华人民共和国民政部：http：//www.mca.gov.cn/article/sj/xzqh//1980/。

④ 地区行政代码在2002年之后变化不大，主要对1998—2002年进行调整统一。感兴趣的读者可与作者联系。

⑤ 各类价格指数主要来自《中国统计年鉴》和中经网统计数据库。

⑥ 其中2008—2013年“本年折旧”指标缺失，本书采用分年份、两位数行业的累计折旧除以固定资产净值得到本年折旧的行业指标，进而与数据库匹配计算得到企业本年折旧额。数据来自《中国工业经济统计年鉴》（2009—2014年）。

失值的补充方法（工业增加值=工业总产值-中间投入+增值税），对2001年和2004年的工业增加值进行补全，而由于中间投入在2008年之后缺失，本书又进一步参考范建双和李忠富（2009，2010）的做法，使用存货作为中间投入的代理变量①。

通过样本匹配、删除无效变量、行业代码统一、地区代码统一、价格平减等处理过程，最终得到1998—2013年共计16年、31个省（自治区、直辖市，不含港澳台地区）、359个城市（包含地级市、直辖市区以及部分省直管市县）、782 459家企业、3 472 699个观测值样本的中国工业企业微观面板数据，在此基础上进行僵尸企业的识别与企业僵尸化指数的测度。

随后，本书基于行业代码，将产业政策的文本识别结果与中国工业企业数据库进行匹配合并，形成包含各省重点产业政策类别和微观企业僵尸化指标的面板数据，为实证分析产业政策扶持力度强弱对企业僵尸化的影响研究提供数据基础。

4.1.3 理论假设

肖兴志和黄振国（2019）研究认为，中国僵尸企业问题的现实特殊性体现在政府干预上，产业政策作为政府干预的一种重要形式，其政策扶持导向对企业僵尸化的影响可能有积极作用，也可能存在加剧恶化其僵尸化程度的负面作用。

各省级五年规划中制定的重点产业目录本质上是本地产业倾斜式发展的产业政策类型，地方政府可以通过以下几个方面发挥其扶持导向作用：一是相对而言掌握更多的信息优势，可以通过政府采购、直接投资或者引导区域内国有性质企业转向具有本地比较优势或潜力优势的产业进行生产，从而带动新产业发展或者引起产业相对份额变动，以达到产业结构优化升级的目的（林毅夫，2007）；二是以补贴或税收减免等形式对新兴产业内的先驱企业进行正外部性的补偿，提高企业抗风险的自

① 现行工业统计报表制度指出存货“通常包括原材料、在产品、半成品、产成品、商品以及周转材料等”，因此“中间投入的估算值=存货-存货中的产成品+主营业务成本-主营业务应付工资总额（或本年应付工资总额）-主营业务应付福利费总额”，陈林（2018）也认为以存货作为代理中间投入指标是一种较为粗糙但可行的估算方法。

生能力，进而促进目标产业发展与整体产业结构转型升级；三是通过产业政策的专项规划与具体配套细则，引导扶持行业形成产业集聚，发挥“匹配、学习、分享”的集聚经济优势。此外，五年规划文本中还有明确提出对部分行业进行“改组改造”、“压缩规模”、“逐步淘汰”以及“有序转移”的产业定位，这些都有利于解决当地产能结构失衡、部分行业产能过剩与僵尸企业大量存在的问题，抑制企业僵尸化的形成。

然而，不可避免的是，政府重点产业政策的实施，其强有力的扶持导向类似于一种信号，影响企业正常的进入退出决策，会对特定行业形成投资上的“潮涌现象”，容易形成产能过剩（林毅夫等，2010）；产业政策的扶持导向除了能够直接改变企业进入退出市场的决策约束，还会通过信息效应加剧重点产业内部和外部企业的信息不对称程度，以及通过资源效应提高重点产业内企业的资源获取能力（宋凌云和王贤彬，2013a），进而加剧企业的僵尸化程度和提高产业内僵尸企业占比。

综上所述，提出研究假设一：产业政策的扶持导向对企业僵尸化的影响存在抑制和加剧两种可能，具体效果有待于进一步实证检验。

同时，依据省级五年规划中产业定位与发展偏向不同而划分的A类、B类重点产业，其行业内的企业所受到的扶持力度也会存在强弱差异，尤其是表3-12重点产业与非重点产业企业僵尸化组间均值存在明显差异的特征事实，因此有必要区别考察产业政策扶持力度强弱对企业僵尸化的影响效应。

由此，提出研究假设二：产业政策的扶持力度强弱会对企业僵尸化产生差异性，甚至是截然相反的政策效果。

不同类型的企业在面临产业政策施加影响的过程，还可能会有不同的经济表现，比如国有企业相对于非国有企业会承担较多的社会职能（Criscuolo et al.，2019）、部分僵尸企业的存续在于具有保就业的作用而受到政府的放缓处置，而且会得到相应的扶持补贴或融资便利性（肖兴志等，2019），因此地方政府对于不同类型企业的干预意愿和程度存在较大差别（孙晓华和李明珊，2016）。此外，工业内的不同行业类别也存在着巨大的差异，行业的异质特征会导致不同行业在面对政府重点产业政策扶持时会产生不同的反应，行业内企业也会做出不同程度的投资或生产决策调整（宋凌云和王贤彬，2013a），进而引致产业结构与产能效率的变动。

具体而言，产业政策对企业僵尸化的影响效应可能与行业的外部融资依赖度、行业国有化程度以及行业资本密集度相关。外部融资依赖度高的行业，企业的生产经营较多依赖外部渠道获取信贷资源，因此产业政策对特定行业进行扶持时，外部关联经济主体便会接收到政府对该行业进行扶持、引导的信号，增加对该行业内企业的融资支持；资本密集度高的行业，产业政策的扶持导向会使得行业资本要素数量显著增加，进而使得该行业绝对产量和企业个体产量增加；由于国有企业与非国有企业对产业政策目标扶持导向的反应程度会有明显差异，进而会带来行业整体国有化程度的变化，市场环境的改变又会影响企业的生产性投资决策与进入决策等。

因此，提出研究假设三：产业政策对企业僵尸化的影响效应，会存在企业与行业异质性，调节着产业政策影响效果的大小，或者说产业政策会通过企业类型与行业特征类型作用于企业僵尸化程度。

4.2 产业政策扶持力度强弱对企业僵尸化影响的实证设计

4.2.1 实证模型构建

为考察以各省份制定的五年规划目录来衡量的产业政策扶持力度强弱对企业僵尸化的影响，本章构造如下计量模型：

$$pr_{it} = \alpha_0 + \beta_1 plan_{jt} + \gamma X + \delta_1 D_t + \delta_2 D_i + \varepsilon_{it} \tag{4-1}$$

其中，下标i表示企业个体，t表示企业所在的年份，j表示企业所在的省份。具体而言，被解释变量pr_{it}是企业i在t期的僵尸化程度，即前文第3章3.3节度量的企业僵尸化指数；核心解释变量$plan_{jt}$是省份j在t期所重点扶持的行业目录，包括planAB、planA与planB三种度量形式的变量，均以0-1虚拟变量表示；X是包括企业、省份不同层面的系列控制变量，用以控制企业自身特征、省份经济状况等因素可能对省份内个体企业僵尸化程度带来的影响；D_t 和 D_i 分别为控制年份、企业个体的固定效应[①]；ε_{it} 为随机干扰项。

4.2.2 变量指标说明

本章基准分析中首先以包含两类重点产业的planAB指标来作为核心解释变量，即与已有以五年规划文本度量产业政策并进行政策效果评估的文献类似，不作产业定位差异与扶持强度不同的区分。其次，分别以planA和planB指标对重点产业政策的扶持力度强弱进行区别度量，将其作为核心解释变量代入计量模型，即①以planA为重点，planB与其他为非重点；②删除planA行业相关样本，以planB为重点，其他为非重点。

模型4-1中控制变量X包含可能影响企业僵尸化程度的企业层面变量与反映不同地区差异的省级层面变量。企业层面控制变量包括企业年龄、所有制性质、企业规模以及资本密集度。企业年龄（age）计算是以企业所在当年减去企业成立年份所得；所有制性质（soe）是国有企业为1、非国有企业为0的虚拟变量；企业规模（lnsize）是用企业当年总资产的对数表示；资本密集度（capital）采用企业当年固定资产占总资产的比重衡量。省级层面控制变量包括GDP增长率（GDPgrowth）、人均GDP的对数（lnGDPpc）、城镇人口占总人口的比重（lper）、第一产业占GDP比重（agr_gdp）、第二产业占GDP比重（ind_gdp）、财政支出占GDP比重（exp_gdp），用以控制地区间经济发展水平、城市化水平、产业结构以及财政支出对企业僵尸化的影响。

4.2.3 描述性统计

在前文产业政策扶持目录文本与微观企业数据匹配处理的基础上，加入省级层面的控制变量指标，由此形成包含产业政策、企业僵尸化等企业行为、GDP等省级宏观经济指标的面板数据。

需要说明的是，由于五年规划目录中提及的重点产业全部是制造业

---

① 在基本回归分析中，本书会将“控制年份固定效应、省份固定效应、行业固定效应”与之作对比分析，以确定最优选择。

行业，因此本章使用的工业企业数据只包含制造业行业数据（二位数行业代码13-43），不包含采矿业（二位数行业代码6-12）和电力热力燃气及水生产和供应业（二位数行业代码44-46）。

主要变量的描述性统计结果见表4-2。

表4-2 主要变量的描述性统计

变量名	变量说明	样本量	平均值	标准差	最小值	最大值
pr	企业僵尸化指数	1 008 206	0.122	0.186	0.000	0.999
planAB	两类重点产业	3 409 533	0.119	0.324	0.000	1.000
planA	A类重点产业	3 409 533	0.083	0.276	0.000	1.000
planB	B类重点产业	3 150 915	0.051	0.221	0.000	1.000
age	企业年龄	3 409 533	10.871	9.776	1.000	45.000
soe	所有制性质	3 409 533	0.079	0.270	0.000	1.000
lnsize	企业规模	3 400 293	10.030	1.514	6.973	19.793
capital	资本密集度	3 400 293	0.352	0.231	0.004	0.924
GDPgrowth	GDP增长率	3 289 498	0.131	0.039	0.006	0.244
lnGDPpc	人均GDP	3 409 539	10.112	0.733	7.768	11.514
lper	城镇人口占比	3 409 539	0.505	0.144	0.082	0.896
agr_gdp	第一产业占GDP比重	3 409 539	0.100	0.057	0.006	0.364
ind_gdp	第二产业占GDP比重	3 409 539	0.494	0.060	0.197	0.590
exp_gdp	财政支出占GDP比重	3 409 539	0.132	0.049	0.057	0.612

资料来源：本书通过stata15计算整理。

4.3 产业政策扶持力度强弱对企业僵尸化影响的结果分析

4.3.1 基准分析结果

根据计量模型4-1，首先考察产业政策扶持导向对企业僵尸化的影响，基准回归结果见表4-3。其中，（1）-（4）列为依据模型设定控制了年份固定效应和企业的固定效应；（5）－（8）列为控制了年份固定效应、省份固定效应和行业固定效应，通过系数值的大小对比，发现前者反映的产业政策扶持导向弱于后者。本书认为，虽然省份固定效应和行业固定效应在很大程度控制了样本企业在地区和行业方面的不可观测因素，但是中国工业企业在样本时间区间内极少发生地理位置与行业属性的转换，而且简单控制省份固定效应和行业固定效应很可能会高估效应值的大小，因此在控制年份固定效应的基础上，控制到企业固定效应更为准确和合适。本书余下实证分析的固定效应也将以此为依据。

表4-3　　**产业政策扶持导向对企业僵尸化的影响**

	(1)	(2)	(3)	(4)	(5)	(6)	(7)	(8)
	pr	pr	pr	pr	pr	pr	pr	pr
planAB	0.013***	0.013***	0.012***	0.012***	0.024***	0.021***	0.022***	0.020***
	(18.95)	(18.66)	(18.19)	(18.03)	(37.12)	(33.91)	(34.79)	(32.49)
age		0.001***		0.000***		0.002***		0.002***
		(11.51)		(9.78)		(90.36)		(86.32)
soe		0.019***		0.018***		0.144***		0.141***
		(10.30)		(9.76)		(161.72)		(158.71)
lnsize		-0.024***		-0.023***		-0.012***		-0.011***
		(-65.97)		(-62.55)		(-90.51)		(-89.02)
capital		0.036***		0.038***		-0.029***		-0.026***
		(29.03)		(30.79)		(-34.56)		(-31.21)
GDPgrowth			-0.057***	-0.065***			-0.283***	-0.217***
			(-5.37)	(-6.16)			(-25.33)	(-19.89)
lnGDPpc			-0.066***	-0.057***			-0.059***	-0.055***
			(-20.23)	(-17.64)			(-19.67)	(-18.74)
lper			-0.017***	-0.018***			-0.003	-0.019***
			(-6.84)	(-7.27)			(-1.09)	(-7.91)

续表

	(1) pr	(2) pr	(3) pr	(4) pr	(5) pr	(6) pr	(7) pr	(8) pr
agr_gdp			0.171***	0.133***			-0.160***	-0.002
			(5.90)	(4.61)			(-6.54)	(-0.09)
ind_gdp			-0.073***	-0.070***			-0.313***	-0.204***
			(-6.58)	(-6.40)			(-31.41)	(-20.94)
exp_gdp			0.056***	0.080***			-0.223***	0.018
			(3.39)	(4.83)			(-15.37)	(1.24)
Year	yes	yes	yes	yes	yes	yes	yes	yes
Firm	yes	yes	yes	yes	no	no	no	no
Province	no	no	no	no	yes	yes	yes	yes
Cic3	no	no	no	no	yes	yes	yes	yes
N	843 510	843 510	843 510	843 510	1008 203	1008 203	1008 203	1008 203
R^2	0.517	0.522	0.518	0.523	0.088	0.136	0.094	0.139

注：括号内为t值；***、**、*分别代表p<0.01、p<0.05、p<0.1。

基准分析结果第（1）列为不加控制变量的情形，第（2）列只加入企业层面控制变量，第（3）列只加入省级层面控制变量，第（4）列同时加入企业层面和省级层面的所有控制变量，结果都显著为正，表明产业政策的扶持导向对企业僵尸化具有明显的恶化作用，加剧了企业的僵尸化程度，而且这一结果具有高度稳健性。以第（4）列为例，相对于非重点产业内的企业，受重点产业政策扶持内的企业僵尸化程度会提升0.012，或者说其成为僵尸企业的概率会相对提高1.2%。实证结果回应了研究假设一，产业政策的扶持导向会加剧企业僵尸化。

企业层面的控制变量中，企业年龄、所有制性质与资本密集度的系数均显著为正，表明企业年龄越大、国有企业以及资本密集度越高，越容易加剧企业的僵尸化。企业年龄和国有类型企业容易形成僵尸化较好理解，而企业资本密集度是以企业固定资产占总资产的比重来衡量，其值越高，表明企业的流动资产越少，因此企业成为僵尸企业的概率则会增加。此外，控制变量企业规模的系数显著为负，表明企业规模越大，承担风险的能力相对越强，因此其对企业僵尸化具有一定的抑制作用，越容易降低企业的僵尸化程度。因此，企业层面控制变量的符号都比较符合预期。

省级层面的控制变量中，GDP增长率、人均GDP、城镇人口占比的系数显著为负，表明经济发展水平与潜力较高、人均生活水平较高、城镇化程度较高的地区，企业的僵尸化程度越低，这可能主要归因于地区市场化程度较高，企业“优胜劣汰”的市场进入退出机制比较完善；而从产业结构对企业僵尸化的影响来看，第一产业占GDP比重的系数显著为正，第二产业占GDP比重的系数显著为负，表明工业化程度较高的地区，即第一产业比重较低、第二产业比重提高，工业行业规模扩大且产业分类会相对丰富细化，能抑制地区工业企业僵尸化的程度；财政支出占GDP比重的系数显著为正，表明政府财政自主度和可支配规模较高的地区，其干预经济和调配社会资源的能力较强，对行业或企业的扶持会加剧企业的僵尸化程度，毕竟僵尸企业的形成在很大比例上可归因于政府的不当干预。因此，省级层面控制变量的符号也都符合现实情形。

在实证验证研究假设一，产业政策的扶持导向对企业僵尸化的影响主要存在加剧恶化作用的基础上，有必要区分两类重点产业，进一步考察产业政策中产业定位与发展偏向的差异，即产业政策扶持力度强弱对企业僵尸化的影响。分别以A类重点产业和B类重点产业来度量重点产业政策，代入计量模型4-1，作核心解释变量的替换，实证结果见表4-4。

第（1）和（2）列给出了以A类重点产业度量的产业政策对企业僵尸化的影响效应，区别在于是否包含企业和省级层面的控制变量，但planA系数均显著为正，而且系数值都大于表4-3中planAB的系数值，表明根据各省五年规划文本定性为“支柱产业”等的产业与以“重点发展”等语气界定发展偏向的最强力扶持的产业作为重点产业，其不仅加剧企业僵尸化，而且该扭曲效应更强。

第（3）和（4）列给出了以B类重点产业度量的产业政策对企业僵

尸化的影响效应，与以两类重点产业和A类重点产业度量结果完全不同的是，planB的系数显著为负，表明在剔除文本识别中A类重点产业以外，相对于五年规划没有提及的产业，定性为“基础产业”的产业或者以“合理发展”等词语描述的B类重点产业会在政府的扶持导向下，抑制企业的僵尸化程度。原因在于，这类产业内的企业相比没有提及鼓励发展的行业内企业具有一定的政策倾斜，但是又不如A类重点产业受到政府干预程度的强烈以及企业决策中投资“潮涌现象”的扭曲，因此得以高质量发展。

表4-4　　区分两类重点产业目录对企业僵尸化的影响

	(1)	(2)	(3)	(4)
	pr	pr	pr	pr
planA	0.018***	0.017***		
	(23.08)	(22.41)		
planB			-0.009***	-0.009***
			(-8.81)	(-8.25)
age		0.000***		0.000***
		(9.78)		(8.92)
soe		0.018***		0.018***
		(9.70)		(9.11)
lnsize		-0.023***		-0.022***
		(-62.60)		(-56.32)
capital		0.038***		0.037***
		(30.78)		(28.69)
GDPgrowth		-0.069***		-0.070***
		(-6.48)		(-6.40)
lnGDPpc		-0.056***		-0.052***
		(-17.34)		(-15.48)

续表

	(1)	(2)	(3)	(4)
	pr	pr	pr	pr
lper		−0.018***		−0.012***
		(−7.17)		(−4.77)
agr_gdp		0.129***		0.151***
		(4.47)		(5.00)
ind_gdp		−0.074***		−0.074***
		(−6.69)		(−6.54)
exp_gdp		0.081***		0.011
		(4.89)		(0.64)
Year	yes	yes	yes	yes
Firm	yes	yes	yes	yes
N	843 510	843 510	767 860	767 860
R^2	0.517	0.523	0.509	0.514

注：括号内为t值；***、**、*分别代表p<0.01、p<0.05、p<0.1。

因此，上述实证结果验证了研究假设二，即依据省级五年规划中产业定位与发展偏向不同而划分的两类重点产业，由于行业内企业所受到的扶持力度存在差异，会对企业僵尸化产生迥异的政策效果。这也再次说明本书对产业政策度量时划分不同类型的合理性。

4.3.2 企业的异质性

考虑到本书度量产业政策的指标有三个（planAB、planA、planB），而且A类重点产业与B类重点产业的扶持导向对企业僵尸化影响具有截然相反的政策效应，因此本章后面分析该效应影响渠道与稳健性检验时，全部采用planA[①]和planB两个产业政策指标作对比分析。

① 由于planAB和planA具有相同的政策效应，区别在于planA效应更强，选择planA进行产业政策强力扶持的度量，以便于和planB度量的产业政策温和扶持作对比。

前文理论分析部分提到，国有企业与非国有企业、僵尸企业与非僵尸企业由于所有制与属性特征不同，会在产业政策施加影响的过程中具有不同的经济表现，因此本书采用分组回归的方式考察产业政策目标导向的扶持强度对企业僵尸化的异质性影响。

表4-5给出了区分企业所有制产业政策对企业僵尸化的影响，planA的系数在国有企业分组显著为正，在非国有企业分组为正但不显著；planB的系数在国有企业分组显著为负，在非国有企业分组在10%的水平上显著为负。由此可见，无论是A类重点产业政策对企业僵尸化程度的正效应，还是B类重点产业政策对企业僵尸化程度的负效应，在国有企业所有制性质中表现最明显。其现实原因在于，政府产业政策的扶持导向一方面会得到国有企业主动响应进行投资等战略决策调整，另一方面国有企业因承担一定的社会职能而得到产业政策的补贴等扶持优惠，进而影响到企业的经营绩效。

表4-5　　区分企业所有制

	国有企业		非国有企业	
	(1)	(2)	(3)	(4)
	pr	pr	pr	pr
planA	0.043***		0.009	
	(10.29)		(1.27)	
planB		−0.026***		−0.009*
		(−3.52)		(−1.96)
控制变量	yes	yes	yes	yes
Year	yes	yes	yes	yes
Firm	yes	yes	yes	yes
N	50 158	43 719	787 989	719 334
R^2	0.562	0.549	0.487	0.482

注：括号内为t值；***、**、*分别代表p<0.01、p<0.05、p<0.1。

表4-6给出了区分僵尸企业与非僵尸企业的特征属性考察产业政策

对企业僵尸化的异质性影响。其中，planA的系数符号在两组企业中均显著为正，从系数值大小发现A类重点产业政策对僵尸企业的僵尸化程度加剧作用要明显大于非僵尸企业；planB的系数在僵尸企业分组中为负但不显著，在非僵尸企业分组中显著为负且系数值较大，表明B类产业政策的扶持导向对企业僵尸化的抑制作用主要体现在非僵尸企业中。

表4-6 区分僵尸企业与非僵尸企业

	僵尸企业		非僵尸企业	
	(1)	(2)	(3)	(4)
	pr	pr	pr	pr
planA	0.009***		0.002***	
	(4.24)		(4.96)	
planB		−0.002		−0.007***
		(−0.56)		(−16.05)
控制变量	yes	yes	yes	yes
Year	yes	yes	yes	yes
Firm	yes	yes	yes	yes
N	51 386	43 893	740 847	678 257
R^2	0.547	0.541	0.452	0.452

注：括号内为t值；***、**、*分别代表p<0.01、p<0.05、p<0.1。

4.3.3 行业层面的影响渠道

基准分析中验证了产业政策目标导向的扶持强弱会对企业僵尸化产生截然相反的政策效果，而且该效应存在一定的企业异质性。

前文分析指出产业政策对企业僵尸化的影响效应可能与行业的外部融资依赖度、行业国有化程度以及行业资本密集度相关。而产业政策对特定行业进行扶持时也可能会通过改变一定的行业特征，比如根据产业政策的扶持力度强弱，相关联经济主体会接收到政府对该行业进行扶持、引导的信号，由此会增加对该行业内企业的融资支持、增加行业资本要素供给，同时会带来行业整体国有化程度的变化，进而影响行业内企业做出不同的生产决策调整，最终对企业的僵尸化产生政策效应。

为验证理论假设三，从行业层面给出产业政策扶持力度强弱对企业僵尸化影响的作用渠道，构造如下计量模型：

$$pr_{it} = \alpha_0 + \beta_1 plan_{jt} \times ind_{jt} + \beta_2 plan_{jt} + \beta_3 ind_{jt} + \gamma X + \delta_1 D_t + \delta_2 D_i + \varepsilon_{it} \quad (4-2)$$

其中，下标i表示企业个体，t表示企业所在的年份，j表示企业所在的省份。被解释变量仍是企业僵尸化程度pr_{it}；核心解释变量是产业政策$plan_{jt}$与行业特征ind_{jt}的交互项；X仍是包括企业、省份不同层面的系列控制变量；D_t和D_i分别为控制年份、企业个体的固定效应；ε_{it}为随机干扰项。

本书计算了不同省份内行业外部融资依赖度、行业国有化程度以及行业资本密集度等反映行业特征的变量。参照宋凌云和王贤彬（2013a）的做法，将行业外部融资依赖度区分为长期外部融资依赖度和短期外部融资依赖度，分别反映行业在中长期和短期对外融资的依赖程度。其中，长期外部融资依赖度（FD_ind）的度量，以行业长期负债与固定资产的比值表示；短期外部融资依赖度（AT_ind）以行业存货占销售额的比例来度量；行业国有化程度（soe_ind）以行业国有和集体资本金占实收资本的比例来计算；行业资本密集度（KL_ind）则以行业固定资产总额除以行业就业人数总量来衡量。各行业特征变量的描述性统计见表4-7。

表4-7　**行业特征变量的描述性统计**

变量名	变量说明	样本量	平均值	标准差	最小值	最大值
FD_ind	长期外部融资依赖度	3 409 533	0.269	0.188	0.011	0.836
AT_ind	短期外部融资依赖度	3 409 533	0.154	0.104	0.021	0.622
soe_ind	行业国有化程度	3 409 533	0.180	0.233	0.000	0.976
KL_ind	行业资本密集度	3 409 533	102.486	94.915	9.920	454.190

资料来源：本书通过stata15计算整理。

将A类重点产业政策planA分别与行业特征变量作交互项，代入计量模型4-2中，可以从行业层面得到产业政策加剧企业僵尸化的影响渠道，结果见表4-8。限于篇幅，只列示各交互项变量，回归中各列均包含产业政策变量、行业特征变量以及个体和省级层面的控制变量，且控制年份和企业个体固定效应。

表4-8 **产业政策加剧企业僵尸化的行业特征影响渠道**

	(1)	(2)	(3)	(4)
	pr	pr	pr	pr
planA_FD	0.022***			
	(5.65)			
planA_AT		0.121***		
		(20.72)		
planA_soe			0.018***	
			(6.62)	
planA_KL				0.000***
				(7.77)
控制变量	是	是	是	是
Year	yes	yes	yes	yes
Firm	yes	yes	yes	yes
N	843 510	843 510	767 844	767 844
R^2	0.523	0.523	0.509	0.514

注：括号内为t值；***、**、*分别代表p<0.01、p<0.05、p<0.1。

A类重点产业政策与行业特征变量的交互项系数都在1%的水平上显著为正，表明产业政策的强力扶持导向会通过长期和短期外部融资约束依赖度高、行业国有化程度高，以及行业资本密集度高的行业，加剧行业内企业的僵尸化程度。

同理，将B类重点产业政策planB分别与行业特征变量作交互项，代入计量模型4-2中，可以从行业层面得到产业政策抑制企业僵尸化的影响渠道，结果见表4-9。

表4-9　　产业政策抑制企业僵尸化的行业特征影响渠道

	(1)	(2)	(3)	(4)
	pr	pr	pr	pr
planB_FD	−0.018***			
	(−3.10)			
planB_AT		−0.002		
		(−0.18)		
planB_soe			−0.007	
			(−1.60)	
planB_KL				−0.000
				(−0.67)
控制变量	是	是	是	是
Year	yes	yes	yes	yes
Firm	yes	yes	yes	yes
N	767 860	767 860	767 844	767 860
R^2	0.514	0.514	0.514	0.514

注：括号内为t值；***、**、*分别代表p<0.01、p<0.05、p<0.1。

可以发现B类重点产业政策与行业特征变量的交互项系数符号都为负，但是只有planB_FD的系数显著，即剔除强力扶持行业后，产业政策的扶持导向会通过改变行业的长期外部融资约束依赖度，来抑制行业内企业的僵尸化水平。但是其他三项交互项系数都不显著，表明温和的产业政策导向虽然能抑制企业的僵尸化程度，但是并不能够改变行业的短期外部融资约束依赖度、国有化程度以及行业资本密集度，这也与B类产业政策扶持导向的定位有关，仅仅发挥政府的引导作用，而不是通过补贴与税收优惠等政策工具积极干预企业的投融资行为，因此该结果符合现实情况。

在此进一步说明的是，本章考察产业政策影响企业僵尸化的行业渠道，是采用将重点产业政策与行业特征变量作交互项进行分析的方式，同时本书还采用中介效应模型对“产业政策、行业特征、企业僵尸化”三者的传导机制进行了检验，结果基本一致。

4.3.4 稳健性检验

前文通过理论分析和实证检验，得到产业政策目标导向的扶持强弱会对企业僵尸化程度产生加剧与抑制的两种不同政策效果，并分析了企业个体异质性以及从行业层面探究该效应发挥作用的渠道机制。为进一步论证本章结论的稳健性，本书测算出不同年度、省份、行业的僵尸企业资产占比[①]，以度量行业的僵尸化程度，并替换计量模型4-1中的企业僵尸化指数，进行稳健性检验。

产业政策扶持力度强弱对行业僵尸化的影响效应，实证结果见表4-10。第（1）和（2）列planA的系数显著为正，其含义以包含省级控制变量的第（2）列为例，表明A类产业政策的实施会使所扶持行业内僵尸企业资产占比提高0.086，加剧行业的僵尸化程度。第（3）和（4）列planB的系数显著为负，表明B类产业政策实施的温和扶持导向能够抑制行业的僵尸化程度，以第（4）列系数为例，会使扶持行业的僵尸企业资产占比降低0.021。

表4-10 **产业政策对行业僵尸化的影响效应**

	(1)	(2)	(3)	(4)
	zom_asset	zom_asset	zom_asset	zom_asset
PlanA	0.082***	0.086***		
	(33.37)	(32.72)		
PlanB			−0.021***	−0.021***
			(−6.98)	(−6.82)
GDPgrowth		−0.341***		−0.322***
		(−7.73)		(−7.33)

① 测算省份行业内僵尸企业比例的指标，还可以使用负债占比、数量占比，本书进行了检验，结果仍保持一致。

续表

	(1) zom_asset	(2) zom_asset	(3) zom_asset	(4) zom_asset
lnGDPpc		−0.088***		−0.073***
		(−7.22)		(−6.04)
lper		−0.041***		−0.037***
		(−4.12)		(−3.77)
agr_gdp		−0.091		−0.156**
		(−1.18)		(−1.99)
ind_gdp		−0.052		−0.068*
		(−1.30)		(−1.69)
exp_gdp		−0.431***		−0.441***
		(−10.96)		(−11.30)
Year	yes	yes	yes	yes
Firm	yes	yes	yes	yes
N	70 206	66 008	62 911	59 256
R^2	0.218	0.212	0.196	0.190

注：括号内为t值；***、**、*分别代表p<0.01、p<0.05、p<0.1。

替换僵尸化指标的检验结果验证了本章基本结论的稳健性。

4.4 本章小结

本章着重研究了产业政策的扶持力度强弱对企业僵尸化的影响效应。基于省级五年规划目录文本识别出扶持力度强弱不同的产业政策类型，给出产业政策覆盖行业内外企业僵尸化程度差异明显的特征事实，通过机理分析提出理论假设，认为产业政策的扶持导向对企业僵尸化的影响存在抑制和加剧两种可能，有必要依据产业定位与发展偏向不同区别考察产业政策扶持力度强弱对企业僵尸化的影响效应，并从行业层面分析了该效应产生影响的作用渠道。在理论分析的基础上，本章将手工搜集整理的产业政策目录文本与中国工业企业微观数据库、省级层面的宏观指标相匹配，对研究假设进行了实证检验，得出本章的基本结论、影响渠道并进行了稳健性检验。

本章的主要结论包括：

产业政策目标导向的扶持强弱会对企业僵尸化产生截然相反的政策效果，扶持力度大的A类产业政策会加剧企业僵尸化程度，B类产业政策的温和扶持导向会抑制企业的僵尸化程度。

其背后原因在于，产业政策本质上是政府调整产业结构、促进经济发展的政策工具，其强大的资源调配能力在过度干预的情形下会产生一系列资源错配的扭曲结果，比如对特定行业的国企补贴扶持，以及对某一行业大力发展信号的释放会带来投资“潮涌现象”等；反之，产业政策制定的目录文本如果仅仅发挥温和的引导作用，让市场自发调节产能结构，则有利于预防与降低企业僵尸化问题。

A类产业政策的强力扶持加剧企业僵尸化的效应主要体现在国有企业，同时对僵尸企业的加剧效应高于非僵尸企业，这与产业政策扶持补贴的力度和偏向有关；而B类产业政策温和导向抑制企业僵尸化的效应主要作用于非僵尸企业，对国有企业的抑制效应高于非国有企业。

产业政策目标导向对企业僵尸化的影响效果除了与扶持导向的强弱有关外，还与行业特征密切关联，或者说产业政策目标的扶持力度强弱会改变行业的特征进而影响行业内企业的僵尸化程度。

产业政策的强力扶持导向会通过长期和短期外部融资约束依赖度高、行业国有化程度高，以及行业资本密集度高的行业，加剧行业内企业的僵尸化程度；温和的产业政策导向虽然能抑制企业的僵尸化程度，但是并不能够改变行业的短期外部融资约束依赖度、国有化程度以及行业资本密集度，仅仅会通过改变行业的长期外部融资约束依赖度，来抑制行业内企业的僵尸化水平。

本章通过理论梳理和实证检验产业政策目标导向的扶持强弱对企业僵尸化的影响效应得出结论，为产业政策效果的准确评估以及政府如何根据扶持力度的把控而制定出科学合理的产业政策提供有益参考。

5　产业政策“官员实施干预”对企业僵尸化的影响

产业政策目标导向的扶持强弱会对企业僵尸化产生不同影响，同样，省级产业政策在具体实施过程中也必然涉及地方政府官员的执行效果问题。由于不同省份地方官员面临的政治激励与约束不同，而且作为产业政策实施者的官员个体也有年龄、任期、任职来源、任职去向、动态更替等不同特征，在其执行已制定的产业政策时会因行为特征的不同而产生相异的“干预”倾向，进而对受扶持行业内企业的僵尸化产生差异化的影响。

因此，为恰当、准确及全面地评估产业政策对企业僵尸化的实际影响，本章基于地方官员的行为特征视角，着重分析产业政策“官员实施干预”对企业僵尸化的影响效应。

5.1　产业政策实施、官员行为特征与企业僵尸化的逻辑关系

产业政策作为政府调整产业结构、促进经济发展的政策工具，地方

官员一方面会在发展辖区经济时采用产业政策工具进行政府干预，另一方面又会在既定产业政策的具体实施中选择有偏向地执行，因此产业政策实施对企业僵尸化的影响效果，会因不同省份地方官员行为特征的不同而出现差异。

本节分别从地方省级党政首长（省委书记、省长）的来源、去向、年龄、任期、更替等角度，梳理出产业政策实施、官员行为特征与企业僵尸化的逻辑关系，为后续实证检验作基础分析。

5.1.1 地方官员“来源与去向”干预产业政策实施对企业僵尸化的影响

中国地方政府官员治理体系具有明显的中国特色。其最核心的特征是中央集权性，即在中央集中的政治体制之下，对地方领导官员干部实施的是“任命制”（appointment system），其任免升黜均由中央或上级控制（王贤彬，2013）。虽然伴随着改革开放中国逐步实行了财政分权和一定程度的行政分权，但在维持“中央人事权力集中”的根本前提下，中央在地方领导官员的任免上仍拥有绝对的权威，从而对中国地方政府官员治理体系形成了良好的激励与监督约束。

在向上负责的“任命制”下，领导干部的考核评价由上级部门进行。上级部门基于一定考核标准和复杂的现实考量，所实施的任期制度、交流制度以及强制退休制度等具体制度的推行，决定了地方官员的来源、任期长短、离任去向等，因此地方官员的这些特征既是地方官员自身的政治特征，也是中央管理地方官员的具体意志体现（王贤彬，2013）。

中国共产党领导的多党合作和政治协商制度，是具有中国特色的政党制度，国家和地方治理体系具有党政两方面的系统，每个地方都同时配备一个党委首长和一个政府首长，二者都属于“党管干部”。党委首长和政府首长所处的体系和所承担的任务具有一定的差别，省委书记更多考虑谋篇布局的工作，对经济发展、社会和谐等方面都负有关键的责任，省长则对经济社会等工作负有更加直接具体的管理责任，但二者都对经济发展负有重要责任，其行为特征都会对地方经济增长绩效产生影响（王贤彬和舒元，2014）。

关于地方官员的来源，虽然近些年来随着官员交流制度的推进，党政人才、国有企业人才、事业单位人才相互流动增多，党政干部体系的交流已经不再完全局限于系统内部，党政机关与企事业单位各体系之间的干部交流变得更加制度化和常态化，但作为省级党政一把手的省委书记和省长，还是主要来源于中央派遣、本省升任或平调、外省升任或平调等途径。王贤彬和徐现祥（2008）认为官员的来源不同，代表着官员个体在经历和经验上存在一定差异，同时可能包含了一种政治激励上的差异。

虽然中央对省级官员进行的考核标准和选拔任用体系相当复杂，而且近些年来将环境保护以及民意指标纳入考核标准，以破除官员政绩“唯GDP论”的弊端，但是不可否认的是，官员的经济绩效表现仍在考核升任中起到重要作用。Li and Zhou（2005）研究发现，在现行的政绩观下，省委书记、省长在任期内使得辖区经济增长速度提高1个百分点，其晋升到中央的可能性就会提高10个百分点。同时，官员离任后的晋升去向也会“反哺”当地经济发展与资源获取，如范子英和李欣（2014）利用2003年部长更换的自然实验，研究发现新任部长的政治关联效应会使其来源地的地级市获得的专项转移支付增加2亿元。因此，官员对经济发展的引领效应与其面临的政治激励是正相关的（何淳耀和孙振庭，2012），从地方官员的离任去向的不同特征角度，考察地方官员在任内发展经济、实施产业政策中的差异具有一定的现实意义和启示。

5.1.2 地方官员“年龄与任期”干预产业政策实施对企业僵尸化的影响

王贤彬和徐现祥（2008）研究发现，中国新上任省级地方官员的平均年龄约为55.5岁，这个年龄与国家规定的省部级官员强制退休年龄65岁相差近10年，可以覆盖两个完整的任期，因此新上任的省级地方官员会具有很强的连任或晋升动机。

王贤彬等（2011）、宋凌云等（2013）研究发现，在中国，省委书记和省长的平均任期只有 4 年，因而党政首长会对任期进行整体的规划。有研究表明，地方官员不仅有追求政绩最大化的动机，还有使得其经济发展政绩“显性化”或更为特色的偏好，以引起上级领导的重视，增加晋升的概率（钱先航等，2011；颜洪平和王贤彬，2015）。张军等（2007）研究也发现，官员在任期间的经济增长轨迹可能会呈现倒 U 形变动。

因此，地方官员在产业政策的执行上，很可能会在上任初期选择更多地投资新项目，而在临近结束时更多地选择保护老项目。由此，地方官员任期特征会对产业政策影响企业僵尸化产生差异性效应。

5.1.3 地方官员“更替”干预产业政策实施对企业僵尸化的影响

在中国现行政治运行体制中，中央对地方政府实施财政分权和一定的行政权力下放，由此地方官员在整体经济发展目标下，拥有着相对宽松的调控地方经济增长的空间和环境，可以根据当地经济发展程度和现实基础制定适宜的经济政策。同时，各级地方政府目前实行的“首长负责制”，给予了省级党政首长（省委书记、省长）在本省内集中调配资源和具有核心决策并监督执行的权力。

由于地方官员的工作经历、个人偏好与能力的差异，除了前文提到的地方官员的来源、去向、年龄、任期等特征外，主政官员的更替也会对经济政策实施的连续性和效果产生影响。从地方官员政治晋升激励的角度来看，新上任的官员会期望在做出良好政绩的同时，也希望新的政绩能够超过前任的成绩或新政绩的取得有别于前任施政方略的框架，因此新上任主政官员有很强的动机实施差异化的经济发展政策，由此可能会带来既定政策实施的不连续，甚至发生某些政策衔接过程摩擦的问题，进而影响相关经济政策的实施效果（王贤彬等，2009）。

“新官上任三把火”很形象地说明了官员更替带来政策实施偏好差异的产生逻辑。因地方官员更替出现的经济政策不连续和经济发展环境的不确定性，又会对企业在行为决策上产生观望举动，影响到企业进入退出与投资生产的有序进行，进而会扩大该现象对整体经济增长带来的波动效应。

具体到本书而言，地方官员更替而采用的差异化策略，在产业政策实施上往往表现为新上任官员可能选择偏离既定产业政策目标导向，而选择将资源与要素投入到不同的或者新兴的重点发展产业，这种政策执行偏好必然会对五年规划重点产业政策实施的企业僵尸化效应产生异质性影响。具体效果的偏差变化，有待于进一步的实证分析。

5.2 实证设计

5.2.1 地方官员特征搜集与整理

本章使用的地方官员特征的数据，来自中山大学岭南学院地方官员数据库和本书作者手工搜集整理的省委常委信息数据库。

中山大学岭南学院产业与区域经济研究中心公布了王贤彬博士和徐现祥博士搜集整理的1978—2008年间[①]中国各省区市党政正职领导人简历信息，包括领导人姓名、在任省份、职位级别、开始年份、终止年份、籍贯、性别、年龄、教育程度、来源、任期、去向等指标。

本书作者曾手工搜集整理了2001—2013年间全国31个省、自治区、直辖市常委信息数据库[②]，包括统计年份、任职省份、常委名单、省委排名、性别、民族、出生日期、籍贯省和市、入党时间、学历、学科、担任常委时的具体职务、来源、是否升迁、是否先于省委书记在本省担任常委、任职开始时间、任职结束时间、离任后去向、国企经历、秘书长经历以及市委书记经历等信息指标。

在中山大学岭南学院地方官员数据库的基础上，本章将两套省级地方官员信息数据进行合并，保留各省、自治区、直辖市党政正职领导人（省委书记、省长）的特征指标，并与第4章中国工业企业微观数据、省级五年规划重点产业政策以及省份的财政、人口、经济发展水平等统计数据相匹配，最终形成一个包含产业政策、地方官员特征以及企业僵

① 部分省份官员信息截止到2001、2002年。
② 感兴趣的读者可与作者联系（sunshine_zwg@163.com），进行学术交流共享。

尸化等企业行为指标的面板数据。

本章在这一数据基础上，开展实证检验和评估因官员行为特征不同，产业政策实施过程对企业僵尸化的影响差异。

5.2.2 实证模型构建

在此需要说明的是，可能地方官员特征本身就会存在对企业僵尸化的影响，比如出于前文理论分析提到的政治晋升锦标赛积极发展经济的动机或短视行为等，进而抑制或加剧了企业的僵尸化程度。但是，本章延续本书产业政策研究的框架思路，着重从产业政策的实施过程引入地方官员行为特征角度进行分析，因此为综合考察各省地方官员行为特征在产业政策实施中对企业僵尸化的差异影响，选择引入二者的交互项进行实证分析。

对于该交互项系数含义的解释，其联合效应如果不显著，则说明地方官员该特征在产业政策实施对企业僵尸化的影响上不存在明显差异，即具有不同行为特征的地方官员（如是否来源于中央）在产业政策的实施过程中没有明显的偏好差异（如或积极推进，或放松实施）；交互项系数如果显著，则说明地方官员该特征在产业政策实施对企业僵尸化的影响上存在着明显差异，此时系数值大小与符号需要结合不同扶持强度的产业政策对企业僵尸化加剧或抑制的效应来具体分析，进而探究地方官员特征的政策实施偏向。

由此，本章构造如下计量模型：

$$pr_{it} = \alpha_0 + \beta_1 plan_{jt} \times official_{kjt} + \beta_2 plan_{jt} + \beta_3 official_{kjt} + \gamma X + \delta_1 D_t + \delta_2 D_i + \varepsilon_{it} \tag{5-1}$$

$$official_{kjt} = \left\{ fromcen_{kjt},\ tocen_{kjt},\ age1_{kjt},\ tenure_{kjt},\ change_{kjt} \right\} \tag{5-2}$$

$$X = (age + soe + lnsize + capital)_{ijt} + (GDPgrowth + lnGDPpc + lper + agr\_gdp + ind\_gdp + exp\_gdp)_{jt} + (age1 + old + tenure + edu)_{kjt} \tag{5-3}$$

其中，下标 i 表示企业个体，t 表示企业所在的年份，j 表示企业所在的省份，k 表示省份内地方官员。具体而言，被解释变量仍是企业僵尸化程度 pr_{it}；核心解释变量是产业政策 $plan_{jt}$ 与官员行为特征 $official_{kjt}$

的交互项，其中官员行为特征是指前文提到的地方官员的来源、去向、年龄、任期、更替等，如公式5-2所示；X是包括企业、省份不同层面以及官员其他个体特征的系列控制变量，如公式5-3所示；D_t和D_i分别为控制年份、企业个体的固定效应；ε_{it}为随机干扰项。

5.2.3 官员行为特征的变量选取与指标说明

本章基准分析中仍以企业的僵尸化程度pr作为被解释变量，在稳健性检验中以省份行业的僵尸资产占比zom_asset作替代。产业政策仍以A、B两类重点产业政策planA、planB来度量行业偏向和扶持力度的强弱。计量模型5-1中的企业层面和省级层面的控制变量与第4章计量模型4-1保持一致，用以控制企业自身特征、省份经济状况等因素可能对省份内个体企业僵尸化程度带来的影响。

需要重点说明的是地方官员的行为特征变量。公式5-2列示了地方官员的来源、去向、年龄、任期、更替等作为核心解释变量一部分的官员行为特征，也即本章的分析视角。其中官员来源（fromcen）是省级党政首长（党委书记、省长）是否来自中央下派的虚拟变量，来自中央则取值为1，否则取值为0；官员去向（tocen）是省级党政首长在现职离任后的去向是否上调中央的虚拟变量，上调中央任职则取值为1，否则取值为0；官员年龄（age1）是指地方官员个体在当年的年龄；官员任期（tenure）是指地方官员担任现职的任期，其赋值方法是该官员上任当年记为0，次年记为1，依此类推度量其任期的长短，该官员离任年份记为其任期最后一年；官员更替（change）是指同一省份职位是否发生了官员更替现象，更替则记为1，不变则记为0；是否超过强制退休年龄（old）是指该官员在当年的年龄是否超过65岁的退休强制年龄的虚拟变量，超过则取值为1，否则记为0；官员受教育程度（edu）的取值原则是低于大学专科（中学及以下）记为1，大学专科记为2，大学本科记为3，硕士研究生记为4，博士研究生记为5，数值越大，其受教育程度越高。地方官员行为特征变量的描述性统计见表5-1。

表5-1 官员行为特征变量的描述性统计

变量名	变量说明	样本量	平均值	标准差	最小值	最大值
fromcen	官员来源	989	0.180	0.380	0.000	1.000
tocen	官员去向	989	0.330	0.470	0.000	1.000
age1	官员年龄	989	58.320	4.130	43.000	69.000
tenure	官员任期	989	2.406	2.229	0.000	14.000
change	官员更替	989	0.190	0.390	0.000	1.000
old	是否超过强制退休年龄	989	0.030	0.170	0.000	1.000
edu	官员受教育程度	989	2.980	0.750	1.000	5.000

资料来源：本书通过stata15计算整理。

图5-1、图5-2、图5-3分别为地方官员的任期、年龄和学历分布。将样本区间分成1998—2005和2006—2013两个时间段进行考察，发现地方官员任期从时间趋势上并没有明显变化，其任期主要集中在2~5年，尤其在3~4年出现人次最多；地方官员的年龄分布同样在时间趋势上没有明显变化，其年龄主要集中在55~65岁之间，尤其是58~62岁之间出现人次最多。分段考察地方官员的学历分布，发现在1998—2013年间省级党政领导（省委书记和省长）的学历有明显提高的特点。

在下文实证分析之前需要予以说明的是，由于本章在基准分析中仍然采用微观企业数据，因此需要对省委书记、省长不同职位分别进行实证检验，而不便于加总分析。因此，本章拟采用以省委书记的行为特征考察为主，并辅以省长行为特征作对比分析。

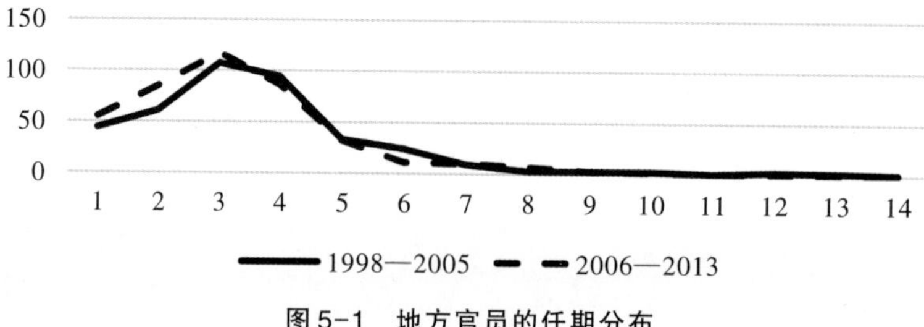

图5-1 地方官员的任期分布

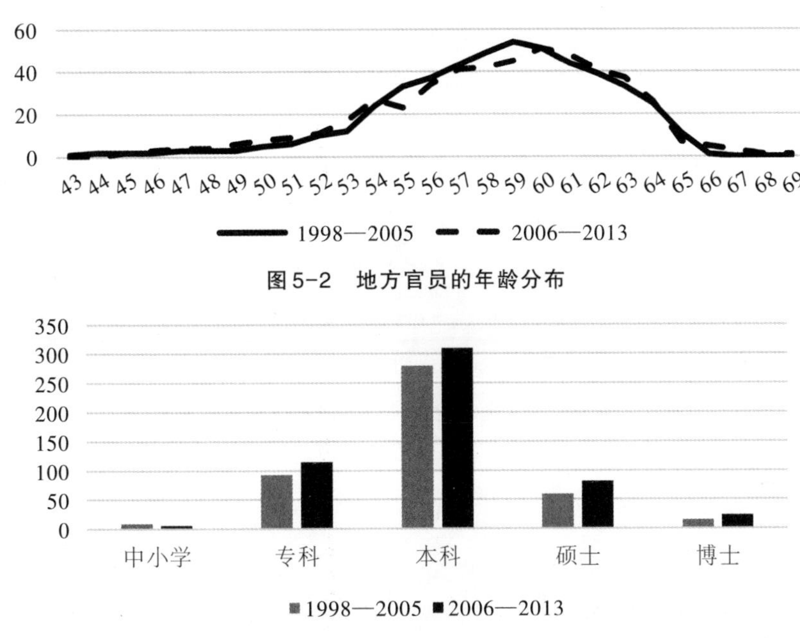

图5-2 地方官员的年龄分布

图5-3 地方官员的学历分布

5.3 实证结果与分析

5.3.1 地方官员"来源与去向"对产业政策僵尸化效应的影响差异

本节主要考察不同来源与去向的地方官员在两类重点产业政策对企业僵尸化影响效应中是否存在显著差异。

（1）地方官员来源

首先基于省委书记数据，将官员来源变量fromcen代入计量模型5-1，重点关注其与产业政策的交互项系数的大小与符号[①]。为分别考察官员来源在不同类型产业政策对企业僵尸化效应中的差异，与第4章类似，我们又进一步区分A类、B类重点产业政策。

表5-2给出了省委书记来源对A类产业政策企业僵尸化效应的影响

① 虚拟变量与虚拟变量的交互项，其回归系数在此反映的是产业政策（取值为1）的官员特征（取值为1）的企业僵尸化效应。

结果。第（1）列在不包含控制变量的情况下，交互项系数为0.001且不显著；第（2）列在加入官员个体特征控制变量的情况下，系数的符号与显著性基本不变；第（3）列在第（2）列的基础上，又加入企业层面和省级层面的其他控制变量，发现系数更小且仍不显著。由上一章实证结果可知，A类产业政策的扶持导向会加剧企业的僵尸化程度。因此交互项系数值极小且不显著的含义是省委书记是否来源于中央，对A类产业政策的执行没有偏差，即A类产业政策对扶持行业内企业僵尸化的加剧效应不存在省委书记来源不同的明显差异。

表5-2 **省委书记来源对A类产业政策企业僵尸化效应的影响**

	(1)	(2)	(3)
	pr	pr	pr
planA_fromcen	0.001	0.001	0.000
	(0.39)	(0.38)	(0.22)
planA	0.018***	0.016***	0.013***
	(20.34)	(12.87)	(13.04)
fromcen	0.002***	0.003***	0.003***
	(3.25)	(5.21)	(4.87)
age1		0.000***	0.000***
		(6.13)	(4.71)
old		0.008	-0.009
		(1.35)	(-1.26)
tenure		-0.001***	-0.001***
		(-5.30)	(-5.19)
edu		0.001**	0.000
		(2.11)	(1.12)
age			0.000*
			(1.77)
soe			0.019**
			(1.99)

续表

	(1)	(2)	(3)
	pr	pr	pr
lnsize			-0.033***
			(-15.32)
capital			0.046***
			(7.11)
GDPgrowth			-0.047
			(-0.74)
lnGDPpc			-0.156***
			(-4.78)
lper			-0.004
			(-0.23)
agr_gdp			-0.424**
			(-2.32)
ind_gdp			0.225**
			(2.16)
exp_gdp			0.081
			(0.79)
Year	yes	yes	yes
Firm	yes	yes	yes
N	842 748	842 748	842 748
R^2	0.526	0.517	0.343

注：括号内为t值；***、**、*分别代表p<0.01、p<0.05、p<0.1。

表5-3则给出了省委书记来源对B类产业政策企业僵尸化效应的影响结果。可以发现，无论是否加入不同层面的控制变量，交互项系数均为-0.006左右，且都能够通过显著水平为1%的检验，其经济学含义是省委书记来源于中央的省份B类重点产业政策会抑制扶持行业内的企业僵尸化程度。由第4章结论可知，B类产业政策较为温和的扶持导向会对行业内企业僵尸化起到抑制作用，因此省委书记是否来源于中央对B

类产业政策的实施会产生差异影响。

表5-3　　省委书记来源对B类产业政策企业僵尸化效应的影响

	(1)	(2)	(3)
	pr	pr	pr
planB_fromcen	-0.006***	-0.007***	-0.006***
	(-2.68)	(-3.18)	(-2.04)
planB	-0.008***	-0.011***	-0.009***
	(-6.79)	(-5.34)	(-7.27)
fromcen	0.002***	0.003***	0.003***
	(4.40)	(5.49)	(4.77)
age1		0.000***	0.000***
		(4.30)	(4.71)
old		0.015***	0.016***
		(11.80)	(12.87)
tenure		-0.001***	-0.001***
		(-5.86)	(-5.19)
edu		0.000	0.000
		(1.27)	(1.12)
age			0.001*
			(1.90)
soe			0.000
			(0.01)
lnsize			-0.018***
			(-6.08)
capital			0.033***
			(3.65)
GDPgrowth			-0.148**
			(-2.01)
lnGDPpc			-0.164***
			(-4.37)

续表

	(1)	(2)	(3)
	pr	pr	pr
lper			0.004
			(0.13)
agr_gdp			0.023
			(0.10)
ind_gdp			0.519***
			(3.94)
exp_gdp			0.193
			(1.45)
Year	yes	yes	yes
Firm	yes	yes	yes
N	767 236	767 236	767 236
R^2	0.509	0.487	0.336

注：括号内为t值；***、**、*分别代表p<0.01、p<0.05、p<0.1。

结论一：省委书记是否来源于中央，对A类产业政策实施加剧企业僵尸化的效应不存在明显差异，而对B类产业政策实施抑制企业僵尸化的效应有明显差异。

探究这一现象产生的现实原因，可能在于地方官员尤其是中央下派的省委书记，更清楚省级五年规划中的重点扶持A类产业政策的制定大多与中央五年规划扶持产业相重合，以便得到中央的政策倾斜与资金调拨（杨继东和罗路宝，2018），因此在省委书记上任之初会放松对A类产业政策的执行；而由于B类产业政策大多是提供行业导向的信号，不过多干预行业发展，因此中央下派省委书记在上任之初不熟悉辖区具体经济现实的情况下，积极推进实施B类产业政策，因而能够产生明显的抑制受扶持行业内企业僵尸化的效应。

在实证检验省委书记来源对产业政策实施的企业僵尸化效应差异的基础上，采用类似做法，将省长的来源变量代入计量模型5-1，考察其是否来源于中央对A、B两类重点产业政策实施的企业僵尸化效应的差异性，回归结果见表5-4[①]。

表5-4　省长来源对A、B类产业政策企业僵尸化效应的影响

	(1)	(2)	(3)	(4)
	pr	pr	pr	pr
planA_fromcen	0.002	0.001		
	(0.94)	(0.68)		
planA	0.018***	0.017***		
	(15.33)	(20.58)		
fromcen	0.002***	0.001	0.002**	0.002***
	(4.62)	(1.01)	(2.55)	(3.43)
planB_fromcen			−0.008***	−0.006***
			(−2.90)	(−3.61)
planB			−0.008***	−0.008***
			(−7.27)	(−5.16)
控制变量	no	yes	no	yes
Year	yes	yes	yes	yes
Firm	yes	yes	yes	yes
N	843 510	843 510	767 860	767 860
R^2	0.497	0.389	0.501	0.427

注：括号内为t值；***、**、*分别代表p<0.01、p<0.05、p<0.1。

回归结果表明，作为省级党政首长，省委书记与省长是否来源于中央，其在产业政策实施中的企业僵尸化效应的差异保持一致，即都对A类产业政策加剧企业僵尸化的效应不存在差异，对B类产业政策抑制企业僵尸化效应存在明显差异。

（2）地方官员去向

考虑到本章拟分析的产业政策实施包括A、B两类产业政策，官员行为特征包括省委书记和省长两个职位的官员个体特征，且在分析方法

① 考虑到本章计量模型中包含企业、省份不同层面以及官员其他个体特征的系列控制数量较多，为更加直观，增强可读性，表5-4省略了各控制变量的估计结果，仅列示核心解释变量。以下相同处理。

上地方官员“去向”对产业政策实施企业僵尸化效应的差异与官员“来源”类似，均采用计量模型5-1，因此为避免篇幅大量重复以增强简洁性和可读性，在此仅给出实证结果（见表5-5），列示省委书记和省长在两类产业政策实施中对企业僵尸化加剧或抑制效应的差异性。各列均包含企业层面、省级层面以及官员其他个体特征的控制变量，并将固定效应控制到年份和企业个体。

表5-5　**省委书记、省长去向分别对A、B类产业政策企业僵尸化效应的影响**

	省委书记样本		省长样本	
	(1)	(2)	(3)	(4)
	pr	pr	pr	pr
planA_tocen	0.003**		0.008***	
	(2.33)		(4.91)	
planA	0.019***		0.021***	
	(18.78)		(22.05)	
tocen	0.006***	0.006***	0.000	-0.000
	(12.02)	(12.45)	(0.55)	(-0.25)
planB_tocen		-0.002		0.004
		(-0.80)		(1.25)
planB		-0.008***		-0.010***
		(-6.92)		(-8.57)
控制变量	yes	yes	yes	yes
Year	yes	yes	yes	yes
Firm	yes	yes	yes	yes
N	842 748	767 236	843 510	767 860
R^2	0.577	0.459	0.515	0.487

注：括号内为t值；***、**、*分别代表p<0.01、p<0.05、p<0.1。

可以看出，在对A类产业政策加剧企业僵尸化效应上，省委书记和省长离任后是否上调中央都具有明显的差异性，第（1）和（3）列交互项系数显著为正，其经济学含义是离任后上调中央的地方官员，其对A类重点产业政策的推行实施更为明显，因此加剧了受扶持行业内企业的僵尸化程度。而且，该差异效应在省长职位上表现得更为明显，说明省长更有动力积极实施具有极强扶持干预力度的A类重点产业政策。此外，第（2）和（4）列交互项系数均不显著，表明省委书记和省长离任后是否上调中央对B类产业政策抑制企业僵尸化效应上不存在明显差异，也就是说，地方官员离任去向的不同在B类产业政策实施上没有明显偏向性。

结论二：地方官员离任去向是否上调中央，对A类产业政策实施加剧企业僵尸化的效应具有明显差异性，对B类产业政策实施抑制企业僵尸化的效应则不存在差异。

探究这一现象产生的现实逻辑，正如前文理论分析部分提到的，由于我国对地方行政官员考核标准中长期存在并主要考量的“政绩观”，地方官员有较强的政治激励去追求地区经济发展的GDP指标增长，因此具有良好经济绩效表现的地方官员会有更大的机会得到晋升（Li and Zhou，2005），这也是晋升到中央的地方党政首长（尤其是省长）相比离任后（暂时）没有晋升中央的官员在任期内更为积极地实施A类产业政策并加剧企业僵尸化的逻辑所在。因此，“唯GDP论”的政绩考核与地方官员“政治晋升锦标赛”是结论二产生的现实根源。

5.3.2 地方官员“年龄与任期”对产业政策僵尸化效应的影响差异

本部分主要考察地方官员的年龄与任期特征在两类重点产业政策对企业僵尸化影响效应中是否存在显著差异。

（1）地方官员年龄

首先基于计量模型5-1，将省级地方官员的年龄（age1）与两类产业政策（planA、planB）分别作交互项，以其联合效应的系数大小与显著性水平考察官员随着年龄的变化对产业政策实施的偏好差异。区分省委书记和省长特征的实证结果，见表5-6。

表5-6　省委书记、省长年龄分别对A、B类产业政策企业僵尸化效应的影响

	省委书记样本		省长样本	
	(1)	(2)	(3)	(4)
	pr	pr	pr	pr
planA_age1	0.000*		-0.001***	
	(1.79)		(-2.88)	
planA	0.000		0.048***	
	(0.05)		(4.63)	
age1	0.000***	0.000***	0.000***	0.000***
	(7.59)	(7.16)	(6.91)	(6.50)
planB_age1		-0.001***		0.000*
		(-3.05)		(1.92)
planB		0.032**		-0.035***
		(2.37)		(-2.61)
控制变量	yes	yes	yes	yes
Year	yes	yes	yes	yes
Firm	yes	yes	yes	yes
N	842 748	767 236	843 510	767 860
R^2	0.425	0.392	0.476	0.401

注：括号内为t值；***、**、*分别代表p<0.01、p<0.05、p<0.1。

结果发现，核心解释变量planA_age1的系数在省委书记样本中仅通过10%的显著性水平，符号为正且数值较小，而在省长样本中显著为负。其含义表明，在A类产业政策的实施上，随着省委书记的年龄增长，对扶持行业内企业僵尸化产生加剧的作用；随着省长年龄的增长，则会抑制扶持行业内企业的僵尸化程度。而从另一核心解释变量planB_age1的系数符号和显著性来看，却呈现截然相反的结果。结合第4章结论，A类产业政策实施有加剧企业僵尸化的效应，B类产业政策实施会产生抑制企业僵尸化的效应，因此综合来看交互项系数的意义，可得：

结论三：省委书记会随着年龄的增长继续保持对两类产业政策的推行力度，而省长会随着年龄的增长放松对两类产业政策的实施。

二者出现差异的原因可能在于任职年龄限制和强制退休年龄制度的实施。超过一定年龄的省长再晋升为省委书记（进而晋升到中央任职）的可能性会降低，因而很容易会倾向于“保守执政”，即放松对既定产业政策类型的实施力度；而省委书记还存在进一步晋升或平调到中央任职的机会，因此也会更有动力继续保持对已制定产业政策的实施力度。

（2）地方官员任期

与地方官员年龄的分析类似，首先将省级地方官员的任期（tenure）与两类产业政策（planA、planB）分别作交互项，代入计量模型5-1，并区分省委书记和省长样本特征，实证结果见表5-7。

表5-7 **省委书记、省长任期分别对A、B类产业政策企业僵尸化效应的影响**

	省委书记样本		省长样本	
	(1)	(2)	(3)	(4)
	pr	pr	pr	pr
planA_tenure	0.003***		-0.001***	
	(7.71)		(-3.17)	
planA	0.012***		0.018***	
	(10.84)		(15.32)	
tenure	0.000	0.000	-0.000	-0.000
	(0.81)	(0.85)	(-0.91)	(-0.91)
planB_tenure		-0.002***		0.001***
		(5.17)		(3.55)
planB		-0.009***		-0.013***
		(-6.24)		(-8.87)
控制变量	yes	yes	yes	yes
Year	yes	yes	yes	yes
Firm	yes	yes	yes	yes
N	842 748	767 236	843 510	767 860
R^2	0.502	0.433	0.474	0.402

注：括号内为t值；***、**、*分别代表p<0.01、p<0.05、p<0.1。

结果显示，省委书记会随着任期的延长继续保持对两类产业政策的推行力度，而省长会随着任期的延长放松两类产业政策的实施力度。或者说，官员任期的变化对企业僵尸化的影响不仅与产业政策类型有关，还与地方省级党政首长职位的不同而存在差异性。

为进一步探究地方官员的任期特征与职位差异在产业政策实施过程中对企业僵尸化影响的不同效应，尤其是地方官员任期是否与产业政策实施效应存在非线性关系，即是否存在前文理论分析中认为地方官员在任期内的可能的理性选择（在上任初期选择执行强力扶持的产业政策更多地投资新项目，而在任期后期则会倾向于选择温和的产业政策并更多地保护老项目），有必要区分产业政策类型样本并加入年龄变量的二次项展开进一步实证分析。

表5-8和表5-9分别给出了省委书记任期、省长任期对分样本A、B类产业政策企业僵尸化效应的影响。表5-8第（1）和（3）列显示在重点产业政策样本中，省委书记任期变量的一次项和二次项系数均不显著；与省委书记任职特征效应不同的是，表5-9第（1）和（3）列显示，省长任职特征在A类重点产业政策样本中会呈现对企业僵尸化影响的U形特点，即在省长任职初期抑制企业僵尸化，而在任职后期则会加剧非重点行业的企业僵尸化水平，而对B类产业政策的实施则不存在该效应。该效应的现实含义是，由于A类产业政策的扶持导向会加剧企业僵尸化程度，因此省长任期对A类产业政策扶持行业内企业僵尸化的U形影响，表明省长的任期特征在对A类产业政策的执行上是先放松、后强力推行的偏好选择。此外，在非重点产业政策样本中，省委书记和省长任期都会对企业僵尸化会产生U形轨迹的特点，只是任职初期政策效应相对较小。

结论四：官员任期的变化对产业政策企业僵尸化效应的干预影响，不仅与产业政策类型相关，还会因地方省级党政首长职位的不同而产生明显差异性。尤其需要注意的是，在A类重点产业政策的实施上，省长任期内先放松、后强力推进的偏好选择，会使得对扶持行业内企业僵尸化的影响呈现U形特点。

表5-8 省委书记任期对分样本A、B类产业政策企业僵尸化效应的影响

	planA	非 planA	planB	非 planB
	(1)	(2)	(3)	(4)
	pr	pr	pr	pr
tenure	0.002	−0.001***	0.001	−0.002***
	(0.40)	(−9.54)	(0.10)	(−8.10)
tenure2	0.000	0.000***	0.000	0.000***
	(0.61)	(9.85)	(0.14)	(8.36)
控制变量	yes	yes	yes	yes
Year	yes	yes	yes	yes
Firm	yes	yes	yes	yes
N	43 909	767 236	21 271	727 943
R^2	0.677	0.509	0.606	0.511

注：括号内为t值；***、**、*分别代表p<0.01、p<0.05、p<0.1。

表5-9 省长任期对分样本A、B类产业政策企业僵尸化效应的影响

	planA	非 planA	planB	非 planB
	(1)	(2)	(3)	(4)
	pr	pr	pr	pr
tenure	−0.014***	−0.003***	0.004	−0.005***
	(−3.11)	(−5.47)	(0.68)	(−5.03)
tenure 2	0.001***	0.000***	0.000	0.000***
	(3.18)	(5.86)	(0.73)	(5.40)
控制变量	yes	yes	yes	yes
Year	yes	yes	yes	yes
Firm	yes	yes	yes	yes
N	43 988	767 860	21 271	728 565
R^2	0.676	0.509	0.606	0.511

注：括号内为t值；***、**、*分别代表p<0.01、p<0.05、p<0.1。

5.3.3 地方官员“更替”对产业政策僵尸化效应的影响差异

由前文理论分析的现实基础出发，地方官员任职发生更替后，新上任官员有很强的动机实施与前任不同的施政方略与差异化产业政策偏好，由此可能会带来政策实施的不连续，进而对企业僵尸化产生异质性影响。

为考察这一效应，本书继续沿用本章实证分析的思路，将地方官员更替（change）的虚拟变量与产业政策（planA、planB）作交互项，代入计量模型5-1，回归结果见表5-10。

表5-10 省委书记、省长更替分别对A、B类产业政策企业僵尸化效应的影响

	省委书记样本		省长样本	
	(1)	(2)	(3)	(4)
	pr	pr		
planA_change	−0.005***		0.003*	
	(−3.39)		(1.77)	
planA	0.019***		0.018***	
	(22.63)		(21.31)	
change	0.001	0.001	0.000	0.000
	(1.49)	(0.92)	(0.61)	(0.55)
planB_change		0.005**		−0.007***
		(2.03)		(−2.91)
planB		−0.010***		−0.008***
		(−8.96)		(−7.50)
控制变量	yes	yes	yes	yes
Year	yes	yes	yes	yes
Firm	yes	yes	yes	yes
N	842 748	767 236	843 510	767 860
R^2	0.521	0.489	0.514	0.502

注：括号内为t值；***、**、*分别代表p<0.01、p<0.05、p<0.1。

核心解释变量planA_change和planB_change的系数均在不同显著性水平下显著，表明地方官员是否更替会影响到产业政策实施的连续性及对企业僵尸化的效果。第（1）和（2）列基于省委书记更替的数据样本，其系数值符号与不考虑官员更替特征时产业政策效果完全相反，说明省委书记更替对重点产业政策实施扶持的行业偏向产生了根本性的偏差变化；而第（3）和（4）列省长更替效应则不存在这一现象。由此可见，省级党政首长同样作为地方主政官员，但是由于职位和职权划分的不同，省委书记和省长的更替对原定五年规划扶持重点产业政策的实施具有不同的影响。

结论五：省委书记的更替会带来明显的产业政策扶持偏向转移，由此带来的产业政策实施不连续性又会对扶持行业内企业僵尸化产生不同效应；省长的更替则不存在该效应。

5.4 本章小结

本章着重研究了因官员行为特征不同，产业政策实施对企业僵尸化影响的效果差异。产业政策的实施过程，离不开地方官员的具体执行与推动，而由于不同地方官员面临的政治激励与约束不同，省委书记和省长的任职来源、任职去向、年龄、任期、动态更替等行为特征，会在重点产业政策实施过程中对所扶持行业内企业僵尸化产生差异化的影响。

本章首先分析了地方官员行为特征在产业政策实施过程中对企业僵尸化效果的差异的现实逻辑，并将手工搜集整理的地方官员特征数据与第4章产业政策与企业僵尸化数据相匹配，随后构建计量模型具体实证分析省委书记、省长的不同行为特征在不同产业政策实施中对企业僵尸化影响，考察产业政策“官员实施干预”对企业僵尸化影响的差异性。

本章的主要结论有：

（1）省委书记与省长是否来源于中央，对A类产业政策实施加剧企业僵尸化的效应不存在明显差异，而对B类产业政策实施抑制企业僵尸化的效应有明显差异。

（2）地方官员离任去向是否上调中央，对A类产业政策实施加剧企业僵尸化的效应具有明显差异性，对B类产业政策实施抑制企业僵尸化的效应则不存在差异。

（3）省委书记会随着年龄的增长继续保持对两类产业政策的推行力度，而省长会随着年龄的增长同时放松对两类产业政策的实施力度。

（4）官员任期的变化对产业政策企业僵尸化效应的干预影响，不仅与产业政策类型相关，还会因地方省级党政首长职位的不同而产生明显差异性。尤其需要注意的是，在A类重点产业政策的实施上，省长任期内先放松、后强力推进的偏好选择，会使得对扶持行业内企业僵尸化的影响呈现U形特点。

（5）省委书记的更替会带来明显的产业政策扶持偏向转移，由此带来的产业政策实施的不连续性又会对扶持行业内企业僵尸化产生不同效应；省长的更替则不存在该效应。

本章基于省委书记和省长不同职位、多角度的官员行为特征，分析地方官员对产业政策实施干预进而产生差异化的企业僵尸化效应，不仅能够更为全面、准确地评估产业政策效果，而且研究结论可以为如何更好地发挥产业政策目标导向作用、规避官员实施的负面干预（或刻意放大、或消极执行），尤其是确保产业政策执行的连续性提供重要参考。

6　产业政策“央地传递偏差”对企业僵尸化的影响

本章主要从央地政策传递的角度，考察中央和地方在产业政策上的偏好差异对企业僵尸化的异质性影响。

基于前文3.1.3部分产业政策制定的央地传递偏差的理论分析，考虑到现有研究通过文本匹配与计算相似系数始终避免不了地方照搬中央政策、各省之间政策相似、重叠的内生性问题，本章选取十大产业振兴规划的政策契机，进而以地方政府对十大产业的重视与扶持力度变化，来具体分析央地政策传递的实施差异。当然，本章随后也沿用中央和地方五年文本规划的行业扶持差异进行验证和拓展，作相关结论的稳健性分析。

6.1　十大产业振兴规划对企业僵尸化的影响

在以各省份五年规划与十大产业振兴规划的重叠变化衡量央地政策传递差异之前，有必要先单独分析十大产业振兴规划对企业僵尸化的影响，为后文政策效应的判断打好基础。

因此，本节首先基于2009年十大产业振兴规划的准自然实验，采用双重差分的分析方法考察其对中国工业企业僵尸化的影响，探究中央政府的重点产业政策实施在僵尸企业形成与是否加剧这一问题上的作用。

6.1.1 政策背景与理论假设

(1) 十大产业振兴规划的政策背景与行业识别

2008年国际金融危机严重冲击了全球的实体经济，也导致我国经济增长速度回落。为应对该危机对我国经济造成的负面冲击，我国政府在2008年年底出台了4万亿元的庞大的投资拉动内需计划后，于2009年年初相继出台了钢铁业、汽车业、船舶业、纺织业、装备制造业、轻工业、石化业、有色金属业、电子信息业和物流业十大产业的振兴规划。该规划扶持行业的选择是根据国际金融危机对我国行业经济影响程度、各个行业对拉动内需作用程度、产业发展对我国经济发展轻重缓急程度而审慎制定的。

与以往产业政策制定相比，十大产业振兴规划的出台时间迅速且密集。由于全球金融危机爆发和政府产业振兴政策制定的不可预料性，因此该规划的出台与实施对产业扶持内外的企业而言均具有明显的外部冲击。同时，十大产业振兴规划作为选择性的重点产业政策，其覆盖范围比较广泛，实施力度较强，较为清晰的行业界定为运用双重差分方法考察其实施对企业僵尸化的影响提供了较好的条件。

结合中国工业企业数据库的行业范围和调整特点，本书基于《国民经济行业分类》(GB/T 4754—2011)，依据2009年十大产业振兴规划的扶持行业识别出受政策影响的具体企业。为尽可能地趋于一致，本书具体到三位数行业代码标准，各产业对应的行业代码见表6-1。需要说明的是：①轻工业产业涵盖行业类别较多，本书根据振兴规划重点提及的"加快造纸、家电、塑料等行业的技术改造"和"整顿食品加工行业"内容，进行行业匹配；②由于中国工业企业数据库不包含物流行业，因此无法识别。

表6-1　　产业振兴规划与中国工业企业数据库的识别

十大产业振兴规划	两位数行业名称	三位数行业代码
钢铁产业	黑色金属冶炼和压延加工业	311、312、313、314、315
汽车产业	汽车制造业	361、362、363、364、365、366
船舶工业	船舶及相关装置制造	373
石化产业	石油加工、炼焦和核燃料加工业；化学原料和化学制品制造业	251、252、253、261、262、263、264、265、266、267、268
纺织工业	纺织业	171、172、173、174、175、176、177、178
有色金属产业	有色金属冶炼和压延加工业	321、322、323、324、325
装备制造业	金属制品业；通用设备制造业；专用设备制造业；汽车制造业；铁路、船舶、航空航天和其他运输设备制造业；电气机械和器材制造业；计算机、通信和其他电子设备制造业；仪器仪表制造业；金属制品、机械和设备修理业；计算机、通信和其他电子设备制造业	二位数行业代码33、34、35、36、37、38、39、40、43下，剔除三位数行业代码337、338、358、375、376、384、385、386、387、395、404
电子信息产业	计算机、通信和其他电子设备制造业	391、392、393、394、395、396、397
轻工业产业	造纸和纸制品业；橡胶和塑料制品业；食品制造业	221、222、223、292、141、142、143、144、145、146、149
物流业	N/A	N/A

资料来源：作者匹配整理。

（2）研究假说与实施效果预期

作为在特定时期、环境下制定的选择性重点产业政策，十大产业振兴规划在引导加大企业投资、提振行业与整体经济活力、避免经济衰退方面发挥了应有作用。该规划实施期限为3年，即2009—2011年，不过由于这种定向宽松带来的长期副作用，可能会在未来的很多年内逐步显现，相关学者对中央政府这一明确行业导向以及大规模投资补贴的产业刺激政策的效果进行了评估研究。陈剩勇和陈晓玲（2014）从产业结构调整和产业升级出发，认为该规划不仅未能促进产业的转型升级，也无助于企业竞争力和产业国际地位的提升；钱雪松等（2018）研究发现该选择性产业政策通过资本配置效率渠道降低了实验组内企业的全要素生产率；康瑾和钱雪松（2018）研究该规划对企业投融资行为和企业债务风险的影响，发现政府干预程度较强地区企业“短贷长投”现象与企业债务恶化现象更加明显。

因此，基于政策实施投资补贴视角，十大产业振兴规划制定初衷在于通过投资驱动带来企业固定资产投资的较快增长，以期通过产能扩张提振经济发展，但由此很可能会使得企业“高速低质”生产，形成僵尸化。

假说一：与对照组相比，十大产业振兴规划实施对处理组企业的影响是会导致僵尸企业形成和加剧企业僵尸化程度。

需要说明的是，2009年中央出台的十大产业振兴规划不仅仅是为应对全球金融危机和国内经济下滑的临时决策，更是我国在此时机调整经济结构、提升经济质量的重要发展规划（罗来军等，2011）。为防止十大产业振兴规划政策作用力度过强而带来负效应，2009年同时出台了《国务院批转发展改革委等部门关于抑制部分行业产能过剩和重复建设引导产业健康发展若干意见的通知》，该通知对重点产业调整和振兴规划中关于坚决抑制产能过剩行业盲目重复建设提出了相关要求，致力于推进十大产业兼并重组，淘汰落后产能，治理重复建设和产能过剩问题。此外，十大产业振兴规划的实施细则中，多处强调对资源消耗大的有色金属、纺织、石化和轻工等产业实施节能减排、对几乎所有产业都提出发展自主品牌和推进企业技术改造与创新的要求，如汽车产业提出“加强关键技术研发，加快技术改造”、电子信息产业提出“要强化自主创新能力建设”等。

因此，从淘汰落后产能、强调自主研发和创新视角来看，十大产业振兴政策实施会致力于清理无效供给和低水平重复建设，有利于产业结构优化升级，同时抑制僵尸企业形成和降低企业的僵尸化程度。

假说二：与对照组相比，十大产业振兴规划实施对处理组企业的影响是会抑制僵尸企业形成和降低企业僵尸化程度。

综上所述，十大产业振兴规划的出台对企业僵尸化具有复杂的影响机制，其实施结果究竟是会刺激企业过度生产，加剧产能过剩和形成僵尸企业，还是会通过一系列淘汰落后技术产能、推进兼并重组措施而抑制了企业僵尸化，有待于进一步的实证检验分析。

6.1.2 实证设计与结果分析

（1）模型设定

为考察十大产业振兴政策对僵尸企业形成及企业僵尸化的影响，本书基于准自然实验的特点，采用双重差分方法，设定计量模型如下：

$$Z_{it} = \beta_0 + \beta_1 \times Ten \times Time + \beta \times X_{it} + \lambda_t + \mu_i + \varepsilon_{it} \tag{6-1}$$

其中，i表示企业个体，t表示企业所在的年份。Z_{it}为被解释变量，即僵尸企业形成和企业僵尸化的程度，分别以僵尸企业（zombie2）和企业僵尸化指数（pr）两个指标来度量。Ten × Time是模型的关键解释变量，其中Ten是十大产业振兴规划的虚拟变量（十大产业赋值为1，其他产业赋值为0），Time为规划实施时间的虚拟变量（以规划落地实施的2009年及之后赋值为1，2008年及之前赋值为0），二者交叉项的系数用以考察十大产业振兴规划实施前后对处理组和对照组不同影响的平均处理效应。

X_{it}为企业层面的控制变量，与计量模型4-1保持一致，包括企业年龄（age）、所有制性质（soe）、企业规模（lnsize）以及资本密集度（capital）。λ_t和μ_i分别为时间效应和个体固定效应；ε_{it}为随机干扰误差项。

（2）基准回归结果

表6-2给出了十大产业振兴政策对僵尸企业形成及企业僵尸化的影响的实证结果。第（1）列和第（2）列是未加入控制变量的初步估计结果，产业振兴规划和时间虚拟变量的交互项Ten × Time系数为正，并且均在1%的水平上显著，表明十大产业振兴规划的实施不仅加速了中国工业企业中僵尸企业的形成，也加重了企业的僵尸化程度。

表6-2　十大产业振兴政策对僵尸企业形成及企业僵尸化的影响

	(1) zombie2	(2) pr	(3) zombie2	(4) pr	(5) zombie2	(6) pr
Ten×Time	0.005***	0.003***	0.006***	0.004***		
	(8.25)	(4.69)	(9.07)	(5.28)		
tenyear09					0.001	0.002
					(1.15)	(1.48)
tenyear10					0.002	0.005**
					(1.48)	(1.98)
tenyear11					0.002	0.001
					(1.42)	(0.94)
tenyear12					0.007***	0.007***
					(6.30)	(5.50)
tenyear13					0.018***	0.007***
					(15.72)	(5.34)
age			0.002***	0.001***	0.002***	0.001***
			(35.00)	(11.83)	(34.97)	(11.80)
soe			0.049***	0.028***	0.049***	0.028***
			(26.28)	(13.98)	(26.15)	(13.94)
lnsize			−0.020***	−0.022***	−0.020***	−0.022***
			(−61.65)	(−60.17)	(−61.52)	(−59.52)
capital			−0.003**	0.035***	−0.002**	0.035***
			(−2.30)	(27.89)	(−2.18)	(27.92)
_cons	0.009***	0.091***	0.182***	0.282***	0.184***	0.280***
	(10.08)	(94.38)	(56.54)	(76.03)	(56.53)	(75.34)
Year	yes	yes	yes	yes	yes	yes
Firm	yes	yes	yes	yes	yes	yes
N	3 170 016	964 549	3 164 014	964 549	3 164 014	964 549
R^2	0.019	0.014	0.021	0.022	0.021	0.022

注：括号内为t值；***、**、*分别代表p<0.01、p<0.05、p<0.1。

表6-2第（3）和（4）列则是在模型中加入企业个体控制变量的估计结果，核心解释变量系数仍显著为正，而且系数值有所提高，再次表明相对于未纳入产业振兴规划的行业，十大选择性振兴产业内的企业更容易形成僵尸企业或者加重企业僵尸化程度。控制变量age和soe系数显著为正，说明企业年龄越大和国有制企业同样更易于被僵尸化；而lnsize系数显著为负，表明企业规模越大，则相对具有抵御被僵尸化风险的能力。有趣的是，企业资本密集度（capital）系数值则显著出现截然相反的结果，企业固定资产比例较高，相对而言能够体现出一定的生产运营能力，不会轻易形成僵尸企业；但是资本密集度越高，也反映出企业资产流动性越差，反而会加剧企业僵尸化的严重程度。

为进一步揭示产业振兴规划实施对僵尸企业形成和企业僵尸化影响的动态效应，本书根据数据的年限特征，引入tenyear09、tenyear10、tenyear11、tenyear12、tenyear13变量，即分别在2009年、2010年、2011年、2012年和2013年取值为1，其他年份取值为0，然后将其与十大产业振兴规划的虚拟变量Ten作交互项，结果见表6-2第（5）和（6）列。从各年交互项的系数值可以看出，产业政策实施冲击对僵尸企业形成和企业僵尸化的恶化影响逐渐增强；从交互项系数显著性来看，2009-2011年系数大多不显著，而2012年和2013年系数则在1%的水平上显著，表明产业政策实施对僵尸企业形成和加剧企业僵尸化程度的影响具有明显滞后效应。思考这一滞后效应产生的现实背景，本书认为这很有可能与政策拉动企业固定资产投资具有一定的时间周期有关，规划实施前期的大规模投资和补贴拉动增长（陈剩勇、陈晓玲，2014），后期会造成产能过剩、催生出一批僵尸企业和加重企业僵尸化程度的不良后果。

6.1.3 影响作用机制与所有制异质性

在得到十大产业振兴规划实施不仅加速了中国工业企业中僵尸企业的形成，也加重了企业的僵尸化程度结论的基础上，为进一步探究产业政策实施对企业僵尸化影响的作用机制，本书采用Baron and Kenny

（1986）的中介效应模型，设定如下计量方程：

$$Y_{it} = c + \alpha X_{it} + \sum_{j=1}^{n} \gamma Control_{it} + a_i + v_t + \varepsilon_{it} \tag{6-2}$$

$$M_{it} = c + \beta X_{it} + \sum_{j=1}^{n} \gamma Control_{it} + a_i + v_t + \varepsilon_{it} \tag{6-3}$$

$$Y_{it} = c + \lambda_1 X_{it} + \lambda_2 M_{it} + \sum_{j=1}^{n} \gamma Control_{it} + a_i + v_t + \varepsilon_{it} \tag{6-4}$$

该模型的基本思想是，第一步对计量方程6-2进行回归，用以检验自变量X对因变量Y的政策效应，回归系数α显著意味着自变量X的政策效应显著，否则停止中介效应的传导路径检验；第二步对方程6-3进行回归，用以检验自变量X是否通过中介变量M对因变量Y产生影响，如果β系数显著，说明自变量X对中介变量M有显著的影响作用；第三步对方程6-4进行回归，λ_1与λ_2分别反映了自变量X与中介变量M对因变量Y的直接与间接影响效应；综合β与λ_2的系数的共同显著性我们便可以判断出中间传导路径的存在性。

同时，考虑到由于企业所有制性质的不同，异质性企业在为应对国际金融危机、提振国内整体经济而实施的十大产业振兴规划中所得到的政策偏向必然不同。换言之，国有企业在规划实施中承担着较多的政策性期望，同时享有一定的投融资便利（钱雪松等，2018；邹德萍，2009）。因此，在考察产业振兴规划对企业僵尸化的影响作用机制时，有必要区分国有与非国有性质的企业异质性。

前文介绍政策背景时提到，十大产业振兴规划是根据各个行业拉动内需的作用程度不同和轻重缓急而审慎选择的，其目的在于依靠投资来带动全行业与整体经济的发展。因此，规划实施的步骤是通过对被选择行业内的企业进行各种政策扶持或补贴，刺激企业加大投资，增强全行业内企业生产的乐观预期，由此带来的直接结果是企业固定资产的增加。而企业固定资产的增加会改善经营绩效和财务状况，不仅会降低企业被识别为僵尸企业的概率，也会缓解企业的僵尸化程度。当然，固定资产增长变化能否在产业振兴规划影响企业僵尸化中起到中介或调解作用，有待进一步的实证检验。

本书以企业固定资产净值年平减余额实际值当年与去年之差再除以

去年值来计算企业的固定资产增长率（kfix_growth）指标，将其代入中介效应模型中，回归结果见表6-3[①]，其中第（1）-（3）列为国有企业样本，第（4）-（6）列为非国有企业样本。

表6-3 **机制检验：企业固定资产增长率**

	国有企业			非国有企业		
	(1) pr	(2) kfix_growth	(3) pr	(4) pr	(5) kfix_growth	(6) pr
Ten×Time	0.030***	0.125***	0.031***	0.002**	−0.041***	0.002**
	(3.86)	(3.66)	(3.97)	(2.33)	(−6.31)	(2.34)
kfix_growth			−0.004***			−0.001***
			(−5.92)			(−8.40)
age	0.001***	−0.002*	0.001***	0.000***	−0.005***	0.000***
	(3.05)	(−1.86)	(3.17)	(5.89)	(−9.74)	(5.64)
lnsize	−0.011***	0.672***	−0.008**	−0.023***	0.961***	−0.022***
	(−3.56)	(60.04)	(−2.51)	(−62.59)	(285.60)	(−58.40)
capital	0.069***	1.974***	0.077***	0.033***	4.222***	0.037***
	(7.14)	(59.53)	(7.87)	(26.93)	(373.20)	(28.64)
_cons	0.361***	−7.407***	0.327***	0.280***	−10.069***	0.271***
	(10.59)	(−63.19)	(9.28)	(76.78)	(−295.92)	(72.31)
Year	yes	yes	yes	yes	yes	yes
Firm	yes	yes	yes	yes	yes	yes
N	52 310	187 594	51 919	912 239	2 201 668	906 494
R^2	0.022	0.090	0.023	0.024	0.229	0.024

注：括号内为t值；***、**、*分别代表p<0.01、p<0.05、p<0.1。

表6-3第（1）列和第（4）列为对基准模型的回归，系数显著为

① 本书以中介效应模型进行的机制检验，选择以企业僵尸化程度（pr）作为被解释变量，以僵尸企业（zombie2）指标进行的检验结果相同，限于篇幅，不再列示。

正表明产业振兴规划加剧了全部企业的僵尸化程度；第（3）列和第（6）列是对综合模型的回归，kfix_growth的系数均显著为负，表明企业固定资产增长率对企业僵尸化程度具有一定抑制作用，这与前文分析相吻合，符合僵尸企业的绩效特征；第（2）列和第（5）列是对中介模型的回归，Ten×Time的系数均在1%的水平上显著，说明企业固定资产增长率作为中介指标的存在性，在产业振兴规划实施影响企业僵尸化过程中起到了调节作用，但是Ten×Time的系数值在不同性质企业样本中呈现正负相反的符号，说明产业振兴规划实施显著促进了国有企业固定资产增长率的提升，却显著抑制了非国有企业固定资产增长，由此降低了该中介变量在缓解政策冲击加剧非国有企业僵尸化的作用。

总体来说，基准分析和机制检验结果证明了假说一的存在性，即十大产业振兴规划实施通过投资驱动刺激企业扩大生产，加剧了企业僵尸化。

6.1.4 稳健性检验

（1）平行趋势检验

为考察本书选取实验组和对照组是否满足平行趋势的假设，引入规划实施前两年的年度虚拟变量[①]与产业振兴规划虚拟变量的交互项，即将tenyear07、tenyear08加入计量模型6-1，分析结果见表6-4。

表6-4第（3）列和第（4）列表明，产业振兴规划实施之前两年，实验组与处理组之间企业僵尸化指数并没有明显的变化差异，验证了平行趋势假设。而第（1）列和第（2）列tenyear08的系数显著，但为负值，其经济学现实含义表明并不存在政策实施之前会加剧企业僵尸化的形成，反而会因为2008年金融危机带来整体经济形势的下行，使得大量企业倒闭，抑制了僵尸企业的形成，这与本书检验产业政策实施冲击对企业僵尸化影响的平行趋势检验并不矛盾。

① 由于样本年度区间在十大产业振兴规划出台前的年份较长，本书仅选取临近两年探讨政策实施前的影响。

表6-4 平行趋势检验：引入政策实施前两年的年度虚拟变量作交互项

	(1)	(2)	(3)	(4)
	zombie2	zombie2	pr	pr
Ten×Time	0.005***	0.005***	0.003***	0.004***
	(6.55)	(7.60)	(3.92)	(4.85)
tenyear07	0.000	0.001	-0.001	0.000
	(0.04)	(0.71)	(-0.61)	(0.33)
tenyear08	-0.004***	-0.003***	-0.001	-0.000
	(-3.42)	(-2.91)	(-1.04)	(-0.37)
age		0.002***		0.001***
		(34.99)		(11.82)
soe		0.049***		0.028***
		(26.27)		(13.98)
lnsize		-0.020***		-0.022***
		(-61.51)		(-59.53)
capital		-0.002**		0.035***
		(-2.15)		(27.94)
_cons	0.009***	0.184***	0.091***	0.280***
	(10.09)	(56.51)	(94.38)	(75.35)
Year	yes	yes	yes	yes
Firm	yes	yes	yes	yes
N	3 170 016	3 164 014	964 549	964 549
R^2	0.019	0.021	0.014	0.022

注：括号内为t值；***、**、*分别代表$p<0.01$、$p<0.05$、$p<0.1$。

（2）安慰剂检验

为进一步验证基准分析得出的产业政策冲击会加速僵尸企业形成和加重企业僵尸化程度结论的稳健性，本书分别以2008年、2007年作为十大产业振兴规划的政策实施年度，进行时间上的反事实检验，即构造新的核心解释变量Ten×Time 2008和Ten×Time 2007分别放入计量模型

6-2中，安慰剂检验结果见表6-5。

表6-5　**安慰剂检验：分别以2008年、2007年为政策实施年度**

	(1) zombie2	(2) pr	(3) zombie2	(4) pr
Ten×Time 2008	−0.046***	−0.016***		
	(−74.46)	(−23.28)		
Ten×Time 2007			−0.097***	−0.037***
			(−158.65)	(−57.12)
age	0.002***	0.001***	0.002***	0.001***
	(34.97)	(11.96)	(34.95)	(12.08)
soe	0.050***	0.029***	0.051***	0.029***
	(26.73)	(14.21)	(27.31)	(14.58)
lnsize	−0.020***	−0.022***	−0.019***	−0.022***
	(−59.98)	(−59.07)	(−57.55)	(−58.21)
capital	−0.002	0.035***	−0.001	0.035***
	(−1.45)	(27.96)	(−1.03)	(27.81)
_cons	0.179***	0.279***	0.171***	0.275***
	(55.04)	(74.92)	(52.93)	(74.22)
Year	yes	yes	yes	yes
Firm	yes	yes	yes	yes
N	3 164 014	964 549	3 164 014	964 549
R^2	0.023	0.023	0.031	0.028

注：括号内为t值；***、**、*分别代表$p<0.01$、$p<0.05$、$p<0.1$。

Ten×Time 2008 和 Ten×Time 2007的系数都显著为负，表明在产业政策出台之前，与对照组企业相比，实验组企业的僵尸化指数是被抑制和降低的，这是企业面临市场环境的自发运行的结果。然而现实情况是，2009年十大产业振兴规划实施对特定产业的扶持，打破了原先市场“优胜劣汰”的局面，反而加剧了僵尸企业的形成和企业僵尸化程度，再次验证了本书的基准结论。

（3）PSM-DID与缩短窗口期

为了克服样本选择性问题给实证分析可能带来的干扰，本书一方面使用倾向得分匹配（propensity score matching，PSM）方法为十大产业振兴规划实施期间内的企业寻找合适的对照组，在匹配之后再进行双重差分分析，以尽可能地获得更可靠的估计结果；另一方面，缩短样本的窗口期，选择2004—2013年，即产业政策实施前后五年的数据，以更稳健的数据验证本书的基本结论。

本书使用“k近邻匹配”（k=4）的方法，从对照组企业中匹配出与实验组企业特征相似的样本集。以十大产业振兴规划的虚拟变量为处理变量，选择超额信贷补贴、销售产值增长率、投资回报率、企业杠杆率和企业生产率作为匹配的协变量，以企业是否为僵尸企业为结果变量。为保证匹配结果的可靠性，需对匹配后的数据与匹配前的数据进行平衡检验，结果见表6-6。可以看到：①匹配后的各特征变量的标准偏差的绝对值均小于1%，严格符合匹配后特征变量的标准化偏差小于10%的标准[①]；②从t检验的结果来看，除gap在5%的水平上显著以外，其他特征变量均不拒绝处理组与控制组无系统差异的原假设，可以得出两组企业的特征变量在匹配之后均不再具有显著差异，满足单个协变量平衡性条件。

表6-6 **特征变量的平衡性检验结果**

变量名称	匹配处理	均值		标准偏差（%）	标准偏差减小幅度（%）	t-test	
		处理组	控制组			t	p>|t|
gap	匹配前	0.009	0.016	-7.0	94.2	-34.330	0.000
	匹配后	0.009	0.009	0.4		2.180	0.029
perform	匹配前	0.632	0.629	0.2	81.4	1.000	0.317
	匹配后	0.632	0.633	0.0		-0.190	0.851
leverage	匹配前	0.573	0.545	9.8	98.3	48.280	0.000
	匹配后	0.573	0.573	-0.2		-0.830	0.406
lntfp	匹配前	5.314	5.116	21.9	99.2	107.470	0.000
	匹配后	5.314	5.312	0.2		0.890	0.373
ROI	匹配前	0.661	0.627	2.1	97.4	10.260	0.000
	匹配后	0.661	0.660	0.1		0.260	0.793

注：括号内为t值；***、**、*分别代表p<0.01、p<0.05、p<0.1。

① 匹配后标准偏差的绝对值越小，说明匹配的效果越好，Rosenbaum and Rubin（1985）认为如果匹配好标准偏差的绝对值小于20%，可以视为匹配结果是有效的。

在采用倾向得分匹配方法克服样本选择问题的基础上，缩短产业政策实施前后的窗口期，稳健性检验结果见表6-7。核心变量的系数、显著性与基准分析的表6-2结论相一致，再次验证了本书结论：十大产业振兴规划的实施不仅加速了中国工业企业中僵尸企业的形成，也加重了企业僵尸化的程度。

表6-7　　**稳健性检验：倾向得分匹配与缩短政策实施窗口期**

	(1)	(2)	(3)	(4)
	zombie2	zombie2	pr	pr
gg	0.005***	0.006***	0.003***	0.004***
	(8.67)	(9.25)	(5.03)	(5.26)
age		0.002***		0.000***
		(25.14)		(5.63)
soe		0.029***		0.014***
		(11.08)		(4.97)
lnsize		-0.018***		-0.022***
		(-50.80)		(-54.80)
capital		-0.006***		0.034***
		(-5.12)		(25.45)
_cons	0.027***	0.189***	0.097***	0.298***
	(51.00)	(54.51)	(144.17)	(72.80)
Year	yes	yes	yes	yes
Firm	yes	yes	yes	yes
N	2 591 365	2 589 357	789 513	789 513
R^2	0.019	0.021	0.017	0.026

注：括号内为t值；***、**、*分别代表p<0.01、p<0.05、p<0.1。

综上所述，本节基于2009年十大产业振兴规划的准自然实验，采用双重差分的分析方法，研究发现中央出台的十大产业振兴规划不仅加速了中国工业企业中僵尸企业的形成，同时加剧了企业僵尸化的程度，而且该影响具有一定的滞后效应。基于中介效应模型的机制分析，发现企业固定资产增长在该效应中起到调节作用，但是产业振兴政策实施具有企业异质性，显著促进了国有企业固定资产增长率的提升，却显著抑制了非国有企业固定资产增长，由此降低了该中介变量在缓解政策冲击加剧非国有企业僵尸化的作用。通过平行趋势、时间反事实、倾向得分匹配和缩短政策窗口期的系列检验，验证了结论的稳健性。

在此分析基础上，本章第二节将十大产业振兴规划与各省制定的五年规划相匹配，着重从中央和地方制定和实施产业政策的偏好差异，来考察其对企业僵尸化的不同影响。

6.2 十大产业政策传递的偏好差异对企业僵尸化的影响

本节基于十大产业振兴规划的政策契机，重点分析中央和地方不同层级间产业政策传递的偏好差异会对企业僵尸化产生怎样的影响。研究思路是将十大产业振兴规划与省级五年规划行业扶持目录相匹配，从二者行业扶持偏好、地方对十大产业支持强度的差异两个方面进行分析。

6.2.1 十大产业振兴规划与地方五年规划的扶持偏好

首先来验证产业政策是否存在前文提到的“中央舞剑、地方跟风”的现象，以及这一产业政策制定的扶持偏好对企业僵尸化的影响。

（1）全样本时间跨度的基准分析

由于十大产业振兴规划是中央为应对金融危机而制定的选择性产业政策，为考察省级五年规划目录的制定，尤其是各省“十二五”规划的行业是否有以效仿中央政府产业政策作为向中央积极靠拢的扶持偏好，本章在上一节采用双重差分方法的基础上，增加省级重点产业政策的虚拟变量作交互项，修改计量模型如下：

$$pr_{it} = \beta_0 + \beta_1 \times Ten \times Time \times plan_{jt} + \beta \times X + \lambda_t + \mu_i + \varepsilon_{it} \quad (6-5)$$

其中，i表示企业个体，t表示企业所在的年份，j表示企业所在的省份。被解释变量主要关注于企业i在t期的僵尸化程度pr_{it}。核心解释变量$Ten \times Time \times plan_{jt}$是十大产业振兴规划扶持的行业虚拟变量、规划实施时间前后的虚拟变量，以及各省五年规划产业政策扶持行业虚拟变量的三者交互项，其处理组变为2009年以后中央和地方省份同时扶持的行业，交叉项的系数含义是该联合政策扶持相对于对照组，对处理组企业僵尸化影响的平均处理效应。由于解释变量包含了省级重点产业政策，因此控制变量X在计量模型6-1的基础上，增加了计量模型4-1中的省级层面其他控制变量；λ_t和μ_i分别为时间效应和个体固定效应；ε_{it}为随机干扰误差项。

将省级五年规划中提及的重点产业政策（A、B两种类型）与十大产业振兴规划的扶持目录进行匹配，基于全样本时间跨度的基准分析结果，见表6-8。可以看出，在逐步添加控制变量过程中，各列交互项系数均在1%的水平上显著为正，而且以第（4）列为例，即使增加了全部个体和省级层面的控制变量，系数值0.010仍大于表6-2第（4）列十大产业振兴规划对处理组内企业僵尸化程度的加剧影响系数0.004。结果表明，以中央出台的十大产业振兴规划为契机，省级五年规划重点产业政策的制定存在"中央舞剑、地方跟风"的现象，而且相对而言加剧了企业的僵尸化程度，产生了更为恶劣的经济影响。

表6-8　**央地扶持偏好的全样本时间跨度基准分析**

	(1)	(2)	(3)	(4)
	pr	pr	pr	pr
Ten×Time×planAB	0.010***	0.009***	0.011***	0.010***
	(4.94)	(4.52)	(5.61)	(5.08)
Ten×Time	0.002***	0.003***	0.001	0.002**
	(3.03)	(3.83)	(1.41)	(2.42)
planAB	0.012***	0.012***	0.012***	0.011***
	(17.39)	(17.18)	(16.52)	(16.47)
age		0.001***		0.000***
		(11.50)		(9.78)
soe		0.019***		0.018***
		(10.28)		(9.75)
lnsize		-0.024***		-0.023***
		(-66.00)		(-62.55)

续表

	(1)	(2)	(3)	(4)
	pr	pr	pr	pr
capital		0.036***		0.038***
		(29.01)		(30.77)
GDPgrowth			-0.057***	-0.065***
			(-5.37)	(-6.18)
lnGDPpc			-0.066***	-0.058***
			(-20.31)	(-17.73)
lper			-0.017***	-0.018***
			(-6.85)	(-7.31)
agr_gdp			0.169***	0.131***
			(5.82)	(4.54)
ind_gdp			-0.072***	-0.069***
			(-6.54)	(-6.29)
exp_gdp			0.055***	0.079***
			(3.31)	(4.78)
Year	yes	yes	yes	yes
Firm	yes	yes	yes	yes
N	843 510	843 510	843 510	843 510
R^2	0.517	0.522	0.518	0.523

注：括号内为t值；***、**、*分别代表p<0.01、p<0.05、p<0.1。

(2) 基于“十一五”“十二五”规划与十大产业的处理组再构建

基于全样本时间跨度的中央和地方产业政策重合偏好的基准分析存在两个问题：一是以十大产业振兴规划出台实施的2009年划分时间前后，政策实施前年份较多；二是省级重点产业政策目录在2009年和2010年仍属于“十一五”规划时期，同时存在一些省份对十大行业的部分三位数代码行业在前后都有扶持导向，因此识别上存在不够严谨之处。

为此，本书一方面只保留“十一五”和“十二五”规划两个阶段的数据样本，另一方面对政策重合的处理组重新构建，具体做法如下：在将省级五年规划的目录与十大产业匹配的基础上，剔除该省在两个阶段都扶持的行业，而筛选保留出“十一五”规划没有提及、“十二五”规划提及的行业，该文本识别更能反映该省份重点产业政策制定是地方政府对十大产业振兴规划的政策跟随。将该重合的行业识别为1，其他为0的虚拟变量记为plan_ten。同时，将政策实施时间的虚拟变量time设定为“十二五”规划开始的2011年，即2011—2013年赋值为1，2006—2010年赋值为0。将央地偏好重合的产业政策plan_ten与时间虚拟变量time作交互，记为plan_ten_time，代入计量模型6-5中。

央地扶持偏好重合的产业政策对企业僵尸化影响更为精准的评估结果，见表6-9。可以发现，保留更为稳健样本，重新构造央地重合产业政策的处理组与对照组变量进行的双重差分分析，交互项系数不仅显著为正，而且相较于表6-8的系数值大小提升了20余倍，再次论证了央地扶持偏好重合的产业政策会对企业僵尸化产生极其严重的恶化作用。

表6-9　**央地扶持偏好重合的产业政策对企业僵尸化的影响**

	(1)	(2)	(3)	(4)
	pr	pr	pr	pr
plan_ten_time	0.266***	0.263***	0.271***	0.267***
	(15.84)	(15.74)	(16.16)	(16.03)
age		0.000		0.000
		(1.47)		(0.76)
soe		-0.001		-0.001
		(-0.24)		(-0.37)
lnsize		-0.022***		-0.021***
		(-47.02)		(-44.45)
capital		0.036***		0.037***
		(24.37)		(25.00)

续表

	(1) pr	(2) pr	(3) pr	(4) pr
GDPgrowth			-0.103***	-0.099***
			(-6.72)	(-6.53)
lnGDPpc			-0.032***	-0.025***
			(-7.30)	(-5.78)
lper			-0.020***	-0.019***
			(-5.10)	(-4.99)
agr_gdp			-0.063	-0.088*
			(-1.25)	(-1.75)
ind_gdp			-0.175***	-0.167***
			(-11.81)	(-11.29)
exp_gdp			-0.120***	-0.102***
			(-5.38)	(-4.57)
Year	yes	yes	yes	yes
Firm	yes	yes	yes	yes
N	505 850	505 850	505 850	505 850
R^2	0.553	0.557	0.554	0.558

注：括号内为t值；***、** 、* 分别代表 $p<0.01$、$p<0.05$、$p<0.1$。

结论一：以中央出台的十大产业振兴规划为例，发现省级五年规划重点产业政策的制定确实存在“中央舞剑、地方跟风”的现象，不仅在政策目录上效仿中央，而且在具体资源配置上也会对相应行业进行实质性倾斜。央地产业政策制定上的重合偏好，会严重加剧扶持行业内企业的僵尸化程度。

（3）区分省级A、B两类重点产业政策的分析

由第4章产业政策目标导向对企业僵尸化的影响，研究发现省级五

年规划产业政策中扶持力度大的A类产业政策会加剧企业僵尸化程度，B类产业政策的温和扶持导向会抑制企业的僵尸化程度。因此，有必要区分A、B两类重点产业政策，考察央地产业政策制定上的重合偏好对企业僵尸化的异质性影响。

结果见表6-10，省份A类产业政策与十大产业振兴规划的重合行业依然严重加剧企业僵尸化，省份B类产业政策与中央产业政策制定的偏好重合在不包含控制变量时系数显著为负，而在包含控制变量时则不显著，说明央地产业政策扶持偏好弱化了省份B类产业政策实施抑制企业僵尸化的积极作用，产生了一定负面效果。

表6-10 **央地扶持偏好重合的A、B类产业政策对企业僵尸化的异质性影响**

	(1)	(2)	(3)	(4)
	pr	pr	pr	pr
planA_ten_time	0.278***	0.275***		
	(15.74)	(15.88)		
planB_ten_time			−0.020***	−0.007
			(−3.95)	(−1.42)
控制变量	no	yes	no	yes
Year	yes	yes	yes	yes
Firm	yes	yes	yes	yes
N	505 850	505 850	464 646	464 646
R^2	0.553	0.558	0.549	0.554

注：括号内为t值；***、**、*分别代表p<0.01、p<0.05、p<0.1。

6.2.2 地方五年规划对十大产业的支持强度

前文对地方省级五年规划重点产业政策目录与十大产业振兴规划扶持行业进行文本匹配，以此来度量央地在产业政策制定上的偏好重合。此外，本书还计算了地方五年规划的重点产业政策对十大产业的支持强度，即以省份“十二五”规划中扶持的十大产业内子行业的数量占该规划总的扶持行业数量的比例来度量央地产业政策传递的强弱，进而考察该政策效应对企业僵尸化的影响。各省份“十二五”规划对十大产业的支持强度，详见表6-11。

表6-11 地方省份“十二五”规划对十大产业的支持强度

省份代码	省份	“十二五”规划对十大产业支持强度	省份代码	省份	“十二五”规划对十大产业支持强度
11	北京	0.17	41	河南	0.14
12	天津	0.17	42	湖北	0.13
13	河北	0.15	43	湖南	0.15
14	山西	0.18	44	广东	0.12
15	内蒙古	0.20	45	广西	0.11
21	辽宁	0.21	46	海南	0.16
22	吉林	0.21	50	重庆	0.11
23	黑龙江	0.21	51	四川	0.11
31	上海	0.12	52	贵州	0.23
32	江苏	0.10	53	云南	0.09
33	浙江	0.07	61	陕西	0.17
34	安徽	0.19	62	甘肃	0.31
35	福建	0.07	63	青海	0.44
36	江西	0.12	64	宁夏	0.34
37	山东	0.07	65	新疆	0.21

资料来源：本书计算整理。

地方各省份“十二五”规划对十大产业的支持强度，本书记为变量support，将其作为解释变量，使用最小二乘法分析其对省份内企业僵尸化程度的影响[①]，结果见表6-12。支持强度变量support的系数在各列均显著为正，说明省份产业政策制定对十大产业的支持强度越高，其对企业僵尸化程度的加剧效应越明显。

① 本小节实证分析只保留了“十二五”规划的数据样本，由于地方省份“十二五”规划对十大产业支持强度在2011—2013年是一直不变的，因此不再控制年度固定效应和企业个体效应，而仅加入相关控制变量。

表6-12　**地方省份"十二五"规划对十大产业支持强度的企业僵尸化影响**

	(1)	(2)	(3)	(4)
	pr	pr	pr	pr
support	0.608***	0.559***	0.331***	0.352***
	(57.49)	(53.19)	(19.37)	(20.75)
age		0.001***		0.001***
		(27.51)		(27.69)
soe		0.092***		0.094***
		(42.61)		(43.65)
lnsize		−0.003***		−0.004***
		(−17.79)		(−20.81)
capital		−0.051***		−0.041***
		(−45.99)		(−35.48)
GDPgrowth			−0.046***	−0.116***
			(−5.44)	(−13.63)
lnGDPpc			−0.002	0.007***
			(−1.06)	(3.23)
lper			−0.036***	−0.051***
			(−3.80)	(−5.46)
agr_gdp			−0.453***	−0.360***
			(−22.64)	(−18.00)
ind_gdp			−0.168***	−0.135***
			(−22.24)	(−17.92)
exp_gdp			0.161***	0.175***
			(19.29)	(21.16)
_cons	0.044***	0.091***	0.205***	0.139***
	(65.08)	(40.02)	(8.71)	(5.91)
N	260 211	260 211	260 211	260 211
R^2	0.013	0.033	0.025	0.043

注：括号内为t值；***、**、*分别代表p<0.01、p<0.05、p<0.1。

结论二：以中央出台的十大产业振兴规划为例，地方各省份五年规划对中央产业政策的"支持强度"或者说效仿程度越高，越会加剧省份内企业的僵尸化程度。

6.3 补充验证：央地五年规划产业政策传递的偏好差异

本节参考现有央地政策传递文献的主要研究方法，对中央和地方五年规划产业政策传递进行类型划分并计算Jaccard相似系数①，作为考察其对企业僵尸化影响的补充验证。

为了验证中央与地方五年规划产业政策传递过程中偏好差异对企业僵尸化的影响，本节收集整理了中央政府“十一五”“十二五”规划文件②中重点产业信息，搜集方法与本书第4章地方政府五年规划文本识别相同，随后将二者的行业代码进行匹配，基于重点产业政策的虚拟变量进行实证分析。

6.3.1 央地共同重点产业政策对企业僵尸化的影响

首先将中央与地方在五年规划文本中均提及的重点产业作为被解释变量，其中记央地共同重点产业政策为变量plan_coin，并区分两类重点产业planA_coin和planB_coin，分别代入计量模型4-1，以考察地方政府五年规划的制定是否有以效仿中央政府五年规划产业政策作为向中央积极靠拢的扶持偏好。

实证结果见表6-13。可以发现，央地共同重点产业政策plan_coin系数在包含控制变量前后均显著为正，加剧了扶持行业内企业的僵尸化，表明在五年规划重点产业政策制定上存在地方效仿中央的政策偏好，该偏好加剧了企业的僵尸化程度。而区分A、B两类产业政策之后，planA_coin系数仍显著为正，planB_coin系数为负但不显著，说明作为扶持力度较强的A类产业政策，央地重合偏好依然严重加剧企业僵尸化，而在温和的B类产业政策上，央地扶持偏好弱化了省份B类产业政策实施抑制企业僵尸化的积极作用，产生了一定负面效果。

① 由于各省五年规划扶持行业的数目不同，因此不能采用以十大产业中地方扶持的子行业占比作为支持强度，因而采用Jaccard相似系数度量地方与中央产业政策的相似程度。

② 为排除早期政策干扰，并与上一节处理组重构保持一致，因此着重考察“十一五”“十二五”规划时期，使用数据为2006—2013年。

上述结果与表6-8和表6-9基本保持一致，验证了本章结论一。

表6-13　　央地五年规划共同产业政策对企业僵尸化的影响

	(1)	(2)	(3)	(4)	(5)	(6)
	pr	pr	pr	pr	pr	pr
plan_coin	0.237***	0.232***				
	(13.41)	(15.12)				
planA_coin			0.241***	0.256***		
			(19.76)	(18.54)		
planB_coin					-0.013	-0.011
					(-0.95)	(-1.42)
age		0.000		0.000		0.000
		(0.76)		(0.76)		(0.05)
soe		-0.001		-0.001		0.000
		(-0.37)		(-0.38)		(0.08)
lnsize		-0.021***		-0.021***		-0.020***
		(-44.45)		(-44.45)		(-40.01)
capital		0.037***		0.037***		0.038***
		(25.00)		(25.00)		(24.34)
GDPgrowth		-0.099***		-0.100***		-0.102***
		(-6.53)		(-6.57)		(-6.44)
lnGDPpc		-0.025***		-0.025***		-0.022***
		(-5.78)		(-5.79)		(-4.90)
lper		-0.019***		-0.019***		-0.018***
		(-4.99)		(-4.99)		(-4.53)
agr_gdp		-0.088*		-0.080		-0.022
		(-1.75)		(-1.58)		(-0.42)

续表

	(1)	(2)	(3)	(4)	(5)	(6)
	pr	pr	pr	pr	pr	pr
ind_gdp		-0.167***		-0.165***		-0.166***
		(-11.29)		(-11.19)		(-10.79)
exp_gdp		-0.102***		-0.105***		-0.121***
		(-4.57)		(-4.70)		(-5.17)
Year	yes	yes	yes	yes	yes	yes
Firm	yes	yes	yes	yes	yes	yes
N	503 849	503 849	503 849	503 849	462 534	462 534
R^2	0.553	0.558	0.553	0.558	0.549	0.554

注：括号内为t值；***、**、*分别代表$p<0.01$、$p<0.05$、$p<0.1$。

6.3.2 央地产业政策偏差对企业僵尸化的影响

进一步地，本书参考张莉等（2017）、杨继东和罗路宝（2018）的做法，依据省级政府与中央政府的重点产业政策的异同，将重点产业政策分为“中央提及—地方也提及”“中央未提及—地方提及”“中央提及—地方未提及”三种类型，修改计量模型如下：

$$pr_{it} = \alpha_0 + \beta_1 planGS_{jkt} + \beta_2 planS_{jkt} + \beta_3 planG_{jkt} + \gamma X + \delta_1 D_t + \delta_2 D_i + \varepsilon_{it} \quad (6-6)$$

其中，$planGS_{jkt}$表示“中央提及—地方也提及”的重点产业政策，该虚拟变量的赋值方法如下：若省份j的产业k在t年同时被省级政府和中央政府确立为重点产业，则该产业赋值为1，否则为0；$planS_{jkt}$表示“中央未提及—地方提及”的重点产业政策虚拟变量，若省份j的产业k在t年仅是省级政府确立的重点产业而并不在当年中央政府重点产业目录内，则该产业在当年赋值为1，否则为0；$planG_{jkt}$则表示“中央提及—地方未提及”的重点产业政策虚拟变量，若省份j的产业k在t年被中央政府确立为重点产业而当地省级政府并没有将其列为五年规划当期重点产业，则该产业赋值为1，否则为0。此外，被解释变量仍是企业

僵尸化程度 pr_{it}；X 仍是包括企业、省份不同层面的系列控制变量，用以控制企业自身特征、省份经济状况等因素可能对省份内个体企业僵尸化程度带来的影响；D_t 和 D_i 分别为控制年份、企业个体的固定效应；ε_{it} 为随机干扰项。

因此，通过划分三种不同的产业政策类型，比较三个变量回归系数 β_1、β_2、β_3 的大小，可以在一定程度上反映央地产业政策传递中不同类型的重点产业政策对于企业僵尸化影响的效果差异。

实证结果见表6-14，第（1）列不包含控制变量，第（2）列包含了企业和省级层面的控制变量，两列均控制年份和企业个体的固定效应。以第（2）列为例，相对于非重点产业，“中央提及—地方也提及”的重点产业（planGS）会加剧企业僵尸化程度17.6%；“中央未提及—地方提及”的重点产业（planS）会加剧企业僵尸化程度12.9%；而“中央提及—地方未提及”的重点产业（planG）的系数值较小，且不显著，即对企业僵尸化程度的变化没有明显影响。

表6-14　　**央地五年规划产业政策偏差对企业僵尸化的影响**

	(1)	(2)
	pr	pr
planGS	0.182***	0.176***
	(4.94)	(4.52)
planS	0.133***	0.129***
	(3.03)	(3.83)
planG	0.012	0.012
	(1.39)	(1.18)
控制变量	no	yes
Year	yes	yes
Firm	yes	yes
N	503 840	503 840
R^2	0.522	0.515

注：括号内为t值；***、**、*分别代表 $p<0.01$、$p<0.05$、$p<0.1$。

通过比较回归结果中重点产业政策“中央提及—地方也提及”和

“中央未提及—地方提及”的回归系数，无论是否包含控制变量，planGS的系数值都显著大于planS系数值。这一结果与张莉等（2017）考察不同重点产业政策对工业土地出让影响结果不同。虽然重点产业政策“中央提及—地方也提及”和“中央未提及—地方提及”都加剧了扶持行业内企业的僵尸化程度，但是地方对中央重点政策的“照搬”，即“中央提及—地方也提及”产业政策偏离了当地产业发展现状，不利于发挥地方政府拥有更多的产业信息的优势（宋凌云和王贤彬，2013），同时该结果再次验证了本章结论一，即省级五年规划重点产业政策的制定效仿中央的现象，不仅在政策目录上效仿中央，而且在具体资源配置上也会向相应行业进行实质性倾斜。央地产业政策制定上的重合偏好，会严重加剧扶持行业内企业的僵尸化程度。

而重点产业政策“中央提及—地方未提及”对企业僵尸化没有显著影响，可能的解释是地方政府掌握了该产业在本地没有比较优势的信息，或许由于中央对该产业的规划过于前瞻，地方政府没有切实执行，因而对企业的僵尸化程度的变化没有产生明显影响。

6.3.2 央地产业政策相似系数对企业僵尸化的影响

参考吴意云和朱希伟（2015）和张莉等（2017）以Jaccard相似系数度量中央和地方产业政策相似度的研究方法，本书分别计算了“十一五”“十二五”规划央地产业政策的相似系数，以此来再次验证央地产业政策传递与偏差对企业僵尸化的异质性影响。

Jaccard相似系数常被用于衡量二元变量相似度，具体计算方法为：Jaccard相似系数=（A∩B）/（A∪B），其中，A表示省级五年规划中提及的重点产业目录，B则表示中央五年规划中提及的重点产业目录。表6-15列示了各省份与中央五年规划产业政策的Jaccard相似系数。

以Jaccard相似系数度量的央地产业政策重合性一定程度上体现了地方对中央产业政策的效仿程度或者支持力度，将其作为核心解释变量代入计量模型4-1中，考察其对企业僵尸化的影响差异，实证结果见表6-16。

表6-15　各省份与中央五年规划产业政策的Jaccard相似系数

省份	"十一五"规划	"十二五"规划	省份	"十一五"规划	"十二五"规划
北京	0.541	0.656	河南	0.548	0.497
天津	0.535	0.647	湖北	0.540	0.764
河北	0.520	0.651	湖南	0.557	0.696
山西	0.543	0.559	广东	0.531	0.689
内蒙古	0.563	0.542	广西	0.520	0.759
辽宁	0.679	0.542	海南	0.565	0.558
吉林	0.670	0.489	重庆	0.512	0.439
黑龙江	0.674	0.487	四川	0.510	0.486
上海	0.582	0.604	贵州	0.627	0.520
江苏	0.565	0.470	云南	0.493	0.540
浙江	0.538	0.433	陕西	0.749	0.517
安徽	0.581	0.525	甘肃	0.787	0.515
福建	0.462	0.726	青海	0.719	0.512
江西	0.509	0.534	宁夏	0.712	0.497
山东	0.456	0.508	新疆	0.782	0.518

注：括号内为t值；***、**、*分别代表p<0.01、p<0.05、p<0.1。

表6-16　央地五年规划产业政策的Jaccard相似系数对企业僵尸化影响

	(1)	(2)	(3)	(4)
	pr	pr	pr	pr
Jaccard	0.364***	0.334***	0.322***	0.318***
	(16.13)	(13.22)	(15.54)	(14.13)
age		0.012***		0.011***
		(13.12)		(13.34)
soe		0.093***		0.103***
		(27.63)		(23.23)

续表

	(1) pr	(2) pr	(3) pr	(4) pr
lnsize		-0.003^{***}		-0.012^{***}
		(−9.13)		(−8.45)
capital		-0.032^{***}		-0.041^{***}
		(−26.32)		(−23.43)
GDPgrowth			-0.0556^{***}	-0.126^{***}
			(−15.46)	(−14.23)
lnGDPpc			−0.013	0.017^{***}
			(−1.06)	(3.23)
lper			-0.036^{***}	-0.054^{***}
			(−3.80)	(−5.42)
agr_gdp			-0.453^{***}	-0.363^{***}
			(−22.64)	(−18.01)
ind_gdp			-0.123^{***}	-0.135^{***}
			(−12.24)	(−17.92)
exp_gdp			0.162^{***}	0.175^{***}
			(17.23)	(11.16)
Year	yes	yes	yes	yes
Firm	yes	yes	yes	yes
N	505 810	505 810	505 810	505 810
R^2	0.023	0.035	0.027	0.033

注：括号内为t值；***、**、*分别代表$p<0.01$、$p<0.05$、$p<0.1$。

可以发现，无论是否包含控制变量，各列央地五年规划产业政策Jaccard相似系数变量的系数均显著为正，说明地方对中央产业政策的效仿程度或者支持力度越高，其对企业僵尸化程度的加剧效应越明显。

该结果验证了结论二的存在性。

6.4 本章小结

本章主要从央地政策传递的角度，考察中央和地方在产业政策上的偏好差异对企业僵尸化的异质性影响。从现实出发，本书认为中央政府在2009年出台十大产业振兴规划是个很好的研究契机，一方面该政策出台是为了应对全球金融危机，提供了准自然实验的政策冲击样本；另一方面通过识别各省份“十一五”“十二五”五年规划与十大产业振兴规划的重叠变化，可以有效衡量出央地政策传递之间的偏好差异，进而以地方政府对十大产业的重视与扶持力度变化，考察二者之间的偏差会对企业僵尸化产生什么样的异质性影响。

在采用双重差分的分析方法考察十大产业振兴规划对企业僵尸化的加剧影响的基础上，本章重点分析了中央和地方不同层级间产业政策传递的偏好差异会对企业僵尸化产生怎样的影响。首先，将十大产业振兴规划与省级五年规划行业扶持目录相匹配，从二者行业扶持偏好、地方对十大产业支持强度的差异两个方面进行分析；然后，参考现有央地政策传递文献（吴意云和朱希伟，2015；张莉等，2017；杨继东和罗路宝，2018）的研究方法，对中央和地方五年规划进行类型划分和计算Jaccard相似系数进行稳健性验证。

本章的主要结论有：

（1）中央出台的十大产业振兴规划实施不仅加速了中国工业企业中僵尸企业的形成，加剧了企业僵尸化的程度，而且该影响具有一定的滞后效应。基于中介效应模型的机制分析，发现企业固定资产增长在该效应中起到调节作用，但是产业振兴政策实施具有企业异质性，显著促进了国有企业固定资产增长率的提升，同时显著抑制了非国有企业固定资产增长，由此降低了该中介变量在缓解政策冲击加剧非国有企业僵尸化方面的作用。

（2）省级五年规划重点产业政策的制定确实存在“中央舞剑、地方跟风”的现象，不仅在政策目录上效仿中央，而且在具体资源配置上也会对相应行业进行实质性倾斜。央地产业政策制定上的重合偏好，会严重加剧扶持行业内企业的僵尸化程度。

（3）以中央出台的十大产业振兴规划为例，地方各省份五年规划对中央产业政策的“支持强度”或者说效仿程度越高，越会加剧省份内企业的僵尸化程度。

本章以十大产业振兴规划为政策契机，不仅有效避免了央地政策制定与传递的内生性问题，为研究央地政策传递偏差提供了一个很好的思路，而且本章研究结论验证了央地产业政策扶持的重合偏好与地方对中央政策脱离本地实际的支持强度会加剧企业僵尸化程度，这一政策效仿与放大效应需要引起政策制定者的注意与思考。

7 研究结论、政策启示与研究展望

7.1 研究结论

本书主要从产业政策实施涉及的三个环节，即扶持力度强弱、官员实施干预以及央地政策传递偏差三个视角，分析其对企业僵尸化的影响，以明晰僵尸企业形成的政策性根源，为有效处置僵尸企业并预防企业僵尸化提供参考。

其一，产业政策扶持力度强弱对企业僵尸化的影响。研究发现：①产业政策目标导向的扶持强弱会对企业僵尸化产生截然相反的政策效果，扶持力度大的A类产业政策会加剧企业僵尸化程度，B类产业政策的温和扶持导向会抑制企业的僵尸化程度；②产业政策的强力扶持导向会通过长期和短期外部融资约束依赖度高、行业国有化程度高，以及行业资本密集度高的行业，加剧行业内企业的僵尸化程度；温和的产业政策导向虽然能抑制企业的僵尸化程度，但是并不能够改变行业的短期外部融资约束依赖度、国有化程度以及行业资本密集度，仅仅会通过改变行业的长期外部融资约束依赖度，来抑制行业内企业的僵尸化水平。

其二，基于地方官员行为特征视角，考察产业政策实施过程对企业僵尸化的影响。研究发现：①省委书记与省长是否来源于中央，对A类产业政策实施加剧企业僵尸化的效应不存在明显差异，而对B类产业政策实施抑制企业僵尸化的效应有明显差异；②地方官员离任去向是否上调中央，对A类产业政策实施加剧企业僵尸化的效应具有明显差异性，对B类产业政策实施抑制企业僵尸化的效应则不存在差异；③省委书记会随着年龄的增长继续保持对两类产业政策的推行力度，而省长会随着年龄的增长同时放松对两类产业政策实施；④官员任期的变化对产业政策企业僵尸化效应的干预影响，不仅与产业政策类型相关，还会因地方省级党政首长职位的不同而产生明显差异性。尤其需要注意的是，在A类重点产业政策的实施上，省长任期内先放松、后强力推进的偏好选择，会使得对扶持行业内企业僵尸化的影响呈现U形特点；⑤省委书记的更替会带来明显的产业政策扶持偏向转移，由此带来的产业政策实施不连续性又会对扶持行业内企业僵尸化产生不同效应；省长的更替则不存在该效应。

其三，从央地政策传递的角度，考察中央和地方在产业政策上的偏好差异对企业僵尸化的异质性影响。研究发现：①中央出台的十大产业振兴规划实施不仅加速了中国工业企业中僵尸企业的形成，同时加剧了企业僵尸化的程度，而且该影响具有一定的滞后效应。②省级五年规划重点产业政策的制定确实存在“中央舞剑、地方跟风”的现象，不仅在政策目录上效仿中央，而且在具体资源配置上也会对相应行业进行实质性倾斜。央地产业政策制定上的重合偏好，会严重加剧扶持行业内企业的僵尸化程度。③以中央出台的十大产业振兴规划为例，地方各省份五年规划对中央产业政策的“支持强度”或者说效仿程度越高，越会加剧省份内企业的僵尸化程度。

7.2 政策启示

第一，产业政策目标导向的扶持强弱对企业僵尸化的影响存在抑制和加剧的两种可能，有必要依据产业定位与发展偏向不同，审视实施产业政策，同时为防止其对企业僵尸化产生加剧作用，应从行业层面注意该效应产生影响的渠道，同时对僵尸企业治理要分类施策，防止“一刀切”。

第二，产业政策的实施对企业僵尸化的影响效应，应综合考虑产业政策实施主体即地方官员的行为特征，不同职位的地方主政官员以及官员的来源、去向、年龄、任期以及更替等行为特征，会影响产业政策的实施效果。比如，地方官员为了谋求离任去向上调中央，出于“唯GDP论”的政绩考核与地方官员“政治晋升锦标赛”的考量，会强力推进A类产业政策的实施，由此对企业僵尸化产生明显加剧效应。因此，为了更好发挥产业政策的积极导向作用及保证政策执行的连续性，应尽量降低官员特征对产业政策实施干预的负面影响。

第三，十大产业振兴规划制定并实施于国际金融危机冲击国内经济发展的大背景下，作为中央政府主导的产业振兴政策，其在引导加大企业投资、提振行业与整体经济活力、避免经济衰退方面发挥了应有作用。虽然在规划实施过程中，政府针对可能出现的企业生产过度投资容易形成产能过剩的负效应进行了提前预判，实施了淘汰落后产能和鼓励兼并重组的系列措施，但是这种定向扶持选择性行业的政策干预力过强，尤其本书研究发现政策实施过程中具有国有与非国有所有制的异质性，进一步加剧了企业的僵尸化。

第四，央地产业政策扶持的重合偏好以及地方对中央政策脱离本地实际的盲目支持会加剧企业僵尸化程度，因此不同层级产业政策的制定应考虑到政策效仿与放大效应的存在，一方面中央政府应意识到地方政府在产业政策制定上对自己的照搬与效仿现象，另一方面地方政府在产业政策制定上应立足于本地产业的比较优势，降低为寻求中央政策与资金倾斜而刻意“趋同”，同时应加强区域间不同省份的政策沟通与协调，避免地区间重复的产业政策导向。

7.3 研究展望

新时代背景下，加快处置僵尸企业对化解产能过剩和深化供给侧结构性改革具有重要意义。对僵尸企业的治理与预防离不开其成因分析，产业政策作为政府干预经济发展中运用得较为频繁的一种手段，分析产业政策对企业僵尸化的影响，不仅丰富产业政策的绩效评估视角，而且对如何实施有效的产业政策以及将企业僵尸化纳入动态处置进程具有重要的现实意义。

虽然本书从产业政策的扶持力度强弱、官员实施干预、央地政策传递偏差三个不同视角，较为全面深入分析了产业政策制定和实施的三个核心环节对僵尸企业形成和企业僵尸化程度的影响效应，但是仍然存在一些问题有待于今后进一步地完善与探讨。

第一，限于数据与相关指标的可得性，本书对中国工业僵尸企业的识别在FN-CHK方法的基础上，以企业专利申请数量连续三年增长度量企业长期成长能力作为适用性修正，同时选取超额信贷补贴、经营绩效及生产率等五项指标，对企业僵尸化程度进行了有效度量，相关指标的不断完善修正以及从工业企业数据拓展到其他数据库可以作为今后僵尸企业识别与企业僵尸化度量的一个方向。

第二，本书在僵尸企业研究视角的拓展中指出，现有文献对僵尸企业危害的研究大多是从既定的僵尸企业存在本身来分析其对投资挤出、税负扭曲、资源错配、阻碍产业发展与创新等，而较少关注部分因政府有意放松治理而得以长期续存的僵尸企业类型，比如经济现实当中僵尸企业的存续对就业稳定的作用，会使得地方政府有放缓处置的行为动机。地方政府出于“稳增长、保就业”的目的，以及防范可能引发的失业震荡等社会性问题，主动或被动地对僵尸企业进行存续补贴并在一定程度上放松清理力度，使得部分理应被清理的僵尸企业得以存续而出现“僵而不死”现象。因此，应将僵尸企业得以存在的根源与其进一步的危害纳入统一的分析框架，有待于进一步的讨论。

第三，本书从地方官员的来源、去向、年龄、任期及更替等行为特征，研究官员实施干预对产业政策影响企业僵尸化的效应差异，具有一定现实意义，但是限于产业政策各环节的分析框架，对地方官员特征本身对企业僵尸化的影响分析尚不够深入，比如本书中地方官员的来源仅区分为是否来源于中央，今后研究中可进一步基于原有数据类型划分“本省升迁”“异地调任”等多种类型，更为全面地研究地方官员特征影响。

第四，本书基于十大产业振兴规划的政策契机，以地方政府对十大产业的重视与扶持力度变化来探究央地政策传递偏差的影响，虽然一定程度避免了地方照搬中央政策、各省之间政策相似重叠的内生性问题，但是毕竟属于政策个例，如何突破现有央地政策传递的研究主要采用文本匹配与计算相似系数的研究方法，值得后续进一步思考与讨论。

主要参考文献

[1] 操群，许骞．电动汽车发展与产业政策影响研究［J］．产业经济评论，2019（2）：20-46．

[2] 车嘉丽，薛瑞．产业政策激励影响了企业融资约束吗？［J］．南方经济，2017（6）：92-114．

[3] 陈林．中国工业企业数据库的使用问题再探［J］．经济评论，2018（6）：140-153．

[4] 陈剩勇，陈晓玲．产业规划、政府干预与经济增长——2009年“十大产业振兴规划”研究［J］．公共管理与政策评论，2014，3（3）：6-24．

[5] 陈永清，夏青，周小樱．产业政策研究及其争论述评［J］．经济评论，2016（6）：150-158．

[6] 陈玉洁，仲伟周．基于演化博弈的僵尸企业退出机制［J］．北京理工大学学报（社会科学版），2019，21（2）：59-66．

[7] 陈运森，黄健峤．地域偏爱与僵尸企业的形成——来自中国的经验证据［J］．经济管理，2017，39（9）：149-166．

[8] 陈钊，熊瑞祥．比较优势与产业政策效果——来自出口加工区准实验的证据［J］．管理世界，2015（8）：67-80．

[9] 戴泽伟，潘松剑．僵尸企业的“病毒”会传染吗？——基于财务信息透明度的证据［J］．财经研究，2018，44（12）：138-150．

[10] 董晓芳，袁燕．企业创新、生命周期与聚集经济［J］．经济学（季刊），2014，13（2）：767-792．

[11] 范瀚文，张凌云，曾繁华．僵尸企业的出口规模挤出效应考量［J］．江汉论坛，2018（11）：63-69．

[12] 范建双，李忠富．中国上市建筑企业规模经济和范围经济评价——一种随机边界成本函数方法［J］．数理统计与管理，2010，29（5）：861-870．

[13] 范建双，李忠富，邹心勇．中国建筑业大型承包商的全要素生产率测算——基于随机前沿生产函数的实证分析［J］．系统管理学报，2010，19（5）：553-562．

[14] 范子英，李欣．部长的政治关联效应与财政转移支付分配［J］．经济研究，2014，49（6）：129-141．

[15] 方创琳，刘晓丽．国家重点产业振兴政策对城市发展与规划的影响［J］．兰州商学院学报，2012，28（3）：1-7．

[16] 方明月，张雨潇，聂辉华．中小民营企业成为僵尸企业之谜［J］．学术月刊，2018，50（3）：75-86．

[17] 盖庆恩，方聪龙，朱喜，等．贸易成本、劳动力市场扭曲与中国的劳动生产率［J］．管理世界，2019，35（3）：64-80，206-207．

[18] 盖庆恩，朱喜，程名望，等．要素市场扭曲、垄断势力与全要素生产率［J］．经济研究，2015，50（5）：61-75．

[19] 高建来，李美辰．基于财务视角的“僵尸企业”识别方法探讨——以钢铁行业上市公司为例［J］．会计之友，2018（6）：12-16．

[20] 郭蕾，肖有智．政府规制改革是否增进了社会公共福利——来自中国省际城市水务产业动态面板数据的经验证据［J］．管理世界，2016（8）：73-85．

[21] 韩超，张伟广，单双．规制治理、公众诉求与环境污染——基于地区间环境治理策略互动的经验分析［J］．财贸经济，2016，（9）：144-161．

[22] 韩超，张伟广，冯展斌．环境规制如何“去”资源错配——基于中国首次约束性污染控制的分析［J］．中国工业经济，2017（4）：115-134．

[23] 韩超，张伟广，郭启光．环境规制实施的路径依赖——对中美环境规制形成与演化的比较分析［J］．天津社会科学，2016（1）：97-104．

[24] 韩超，张伟广，孙晓琳．城市供水产业民营化改革的竞争效应［J］．浙江社会科学，2017（9）：33-42，156-157．

[25] 韩永辉，黄亮雄，王贤彬．产业政策推动地方产业结构升级了吗？——基于发展型地方政府的理论解释与实证检验［J］．经济研究，2017，52（8）：33-48．

[26] 郝威亚，魏玮，温军．经济政策不确定性如何影响企业创新？——实物期权理论作用机制的视角［J］．经济管理，2016，38（10）：40-54．

[27] 何帆，朱鹤．僵尸企业的识别与应对［J］．中国金融，2016（5）：20-22．

[28] 侯方宇，杨瑞龙．新型政商关系、产业政策与投资“潮涌现象”治理［J］．中国工业经济，2018（5）：62-79．

[29] 胡春阳．市场势力与僵尸企业绩效——基于修正Lerner指数的实证检验［J］．山西财经大学学报，2018，40（3）：52-64．

[30] 黄群慧，李晓华．“僵尸企业”的成因与处置策略［J］．中国中小企业，2016（5）37-39．

[31] 黄少卿，陈彦．中国僵尸企业的分布特征与分类处置［J］．中国工业经济，2017（3）：24-43．

[32] 江飞涛，曹建海．市场失灵还是体制扭曲——重复建设形成机理研究中的争论、缺陷与新进展［J］．中国工业经济，2009（1）：53-64．

[33] 江飞涛，耿强，吕大国，等．地区竞争、体制扭曲与产能过剩的形成机理［J］．中国工业经济，2012（6）：44-56．

[34] 江飞涛，李晓萍．直接干预市场与限制竞争：中国产业政策的取向与根本缺陷［J］．中国工业经济，2010（9）：26-36．

[35] 江飞涛，李晓萍．当前中国产业政策转型的基本逻辑［J］．南京大学学报（哲学·人文科学·社会科学），2015，52（3）：17-24，157．

[36] 江飞涛，李晓萍．应加快选择性产业政策向功能性产业政策转型［J］．中国经济报告，2016（12）：75-77．

[37] 江飞涛，李晓萍．产业政策中的市场与政府——从林毅夫与张维迎产业政策之争说起［J］．财经问题研究，2018（1）：33-42．

[38] 江飞涛，李晓萍．改革开放四十年中国产业政策演进与发展——兼论中国产业政策体系的转型［J］．管理世界，2018，34（10）：73-85．

[39] 江轩宇．政府放权与国有企业创新——基于地方国企金字塔结构视角的研究［J］．管理世界，2016（9）：120-135．

[40] 江又明，王星辰．上市公司“僵尸企业”问题研究——基于Logit模型的成因与复活实证分析［J］．华东经济管理，2018，32（10）：161-167．

[41] 蒋凡．“僵尸企业”概念的界定研究［J］．商业经济，2019（2）：139-141．

[42] 蒋灵多，陆毅．最低工资标准能否抑制新僵尸企业的形成［J］．中国工业经济，2017（11）：118-136．

[43] 蒋灵多，陆毅，陈勇兵．市场机制是否有利于僵尸企业处置：以外资管制放松为例［J］．世界经济，2018，41（9）：121-145．

[44] 李贲，吴利华．开发区设立与企业成长：异质性与机制研究［J］．中国工业经济，2018（4）：79-97．

[45] 李芳芳，丁美美，蔺萍绯．中国如何实现高质量发展——2018年中国产业

经济研究学术年会观点综述［J］．产业经济评论，2019（2）：118-124．
［46］ 李力行，申广军．经济开发区、地区比较优势与产业结构调整［J］．经济学（季刊），2015，14（3）：885-910．
［47］ 李平，江飞涛．十大产业调整与振兴规划评价［J］．人民论坛，2010（11）：112-113．
［48］ 李平，江飞涛，王宏伟．重点产业调整振兴规划评价与政策取向探讨［J］．宏观经济研究，2010（10）：3-12，48．
［49］ 李书娟，徐现祥．身份认同与经济增长［J］．经济学（季刊），2016，15（3）：941-962．
［50］ 李书娟，徐现祥，戴天仕．身份认同与夜间灯光亮度［J］．世界经济，2016，39（8）：169-192．
［51］ 李思龙，郭丽虹．市场依赖度、资本错配与全要素生产率［J］．产业经济研究，2018（2）：103-115．
［52］ 李隋，张腾文．产业政策有效性研究——基于公司融资视角［J］．财经科学，2015（9）：53-63．
［53］ 李旭超，鲁建坤，金祥荣．僵尸企业与税负扭曲［J］．管理世界，2018，34（4）：127-139．
［54］ 李旭超，申广军，金祥荣．僵尸企业与中国全要素生产率动态演进［J］．经济科学，2021（1）：44-56．
［55］ 廖信林，杨羚，贺雪莹．僵尸企业的测度及其对非僵尸企业产能利用率的影响研究［J］．东北农业大学学报（社会科学版），2019，17（1）：8-17．
［56］ 林毅夫．潮涌现象与发展中国家宏观经济理论的重新构建［J］．经济研究，2007（1）：126-131．
［57］ 林毅夫．产业政策与我国经济的发展：新结构经济学的视角［J］．复旦学报（社会科学版），2017，59（2）：148-153．
［58］ 林毅夫，刘明兴，章奇．政策性负担与企业的预算软约束：来自中国的实证研究［J］．管理世界，2004（8）：81-89，127-156．
［59］ 林毅夫，巫和懋，邢亦青．“潮涌现象”与产能过剩的形成机制［J］．经济研究，2010，45（10）：4-19．
［60］ 刘诚，钟春平．产能扩张中的行政审批：成也萧何，败也萧何［J］．财贸经济，2018，39（3）：50-64．
［61］ 刘海明，曹廷求．续贷限制对微观企业的经济效应研究［J］．经济研究，2018，53（4）：108-121．
［62］ 刘奎甫，茅宁．“僵尸企业”国外研究述评［J］．外国经济与管理，2016，38（10）：3-19．

[63] 刘啟仁，赵灿，黄建忠．税收优惠、供给侧改革与企业投资［J］．管理世界，2019，35（1）：78-96，114．

[64] 刘瑞明，赵仁杰．国家高新区推动了地区经济发展吗？——基于双重差分方法的验证［J］．管理世界，2015（8）：30-38．

[65] 刘小玄，李双杰．制造业企业相对效率的度量和比较及其外生决定因素（2000—2004）［J］．经济学（季刊），2008（3）：843-868．

[66] 龙小宁，王俊．中国专利激增的动因及其质量效应［J］．世界经济，2015，38（6）：115-142．

[67] 鲁晓东，连玉君．中国工业企业全要素生产率估计：1999—2007［J］．经济学（季刊），2012，11（2）：541-558．

[68] 栾甫贵，刘梅．僵尸企业僵尸指数的构建及应用研究［J］．经济与管理研究，2018，39（6）：135-144．

[69] 栾甫贵，汤佳颖．企业研发能否抑制新的僵尸企业形成［J］．财会月刊，2018（20）：63-70．

[70] 罗来军，陈衍泰，刘畅，等．十大振兴规划产业发展对策的实证研究［J］．经济评论，2011（1）：56-68．

[71] 吕江林，陈建付．信贷失衡、企业效率异质性与僵尸企业的形成［J］．当代财经，2018（8）：44-59．

[72] 马颖，何清，李静．行业间人力资本错配及其对产出的影响［J］．中国工业经济，2018（11）：5-23．

[73] 马壮，李延喜，曾伟强，等．产业政策提升资本配置效率还是破坏市场公平？［J］．科研管理，2016，37（10）：79-92．

[74] 倪骁然，朱玉杰．劳动保护、劳动密集度与企业创新——来自2008年《劳动合同法》实施的证据［J］．管理世界，2016（7）：154-167．

[75] 聂辉华，贾瑞雪．中国制造业企业生产率与资源误置［J］．世界经济，2011，34（7）：27-42．

[76] 聂辉华，江艇，杨汝岱．中国工业企业数据库的使用现状和潜在问题［J］．世界经济，2012，35（5）：142-158．

[77] 聂辉华，江艇，张雨潇，等．我国僵尸企业的现状、原因与对策［J］．宏观经济管理，2016（9）：63-68，88．

[78] 聂辉华，李金波．政企合谋与经济发展［J］．经济学（季刊），2007（1）：75-90．

[79] 彭向，蒋传海．产业集聚、知识溢出与地区创新——基于中国工业行业的实证检验［J］．经济学（季刊），2011，10（3）：913-934．

[80] 齐鹰飞，赵旭霞．产能过剩源于财政刺激吗？［J］．经济社会体制比较，

2015 (6): 147-156.

[81] 钱苹，张帏. 我国创业投资的回报率及其影响因素 [J]. 经济研究，2007 (5): 78-90.

[82] 钱雪松，康瑾，唐英伦，等. 产业政策、资本配置效率与企业全要素生产率——基于中国2009年十大产业振兴规划自然实验的经验研究 [J]. 中国工业经济，2018 (8): 42-59.

[83] 任曙明，吕镯. 融资约束、政府补贴与全要素生产率——来自中国装备制造企业的实证研究 [J]. 管理世界，2014 (11): 10-23，187.

[84] 阮少华. "僵尸企业" 处置问题及对策研究 [J]. 决策探索（下），2019 (2): 56-58.

[85] 邵敏，包群. 政府补贴与企业生产率——基于我国工业企业的经验分析 [J]. 中国工业经济，2012 (7): 70-82.

[86] 邵帅，范美婷，杨莉莉. 资源产业依赖如何影响经济发展效率? ——有条件资源诅咒假说的检验及解释 [J]. 管理世界，2013 (2): 32-63.

[87] 邵帅，杨莉莉. 自然资源开发、内生技术进步与区域经济增长 [J]. 经济研究，2011，46 (S2): 112-123.

[88] 申广军. 比较优势与僵尸企业: 基于新结构经济学视角的研究 [J]. 管理世界，2016 (12): 13-24，187.

[89] 帅彦竹，张伟广. 中国产业经济学发展态势与研究热点演变——基于39所博士点高校研究生导师发文情况分析 [J]. 产业组织评论，2018 (3): 177-194.

[90] 司海平，刘小鸽，魏建. 地方政府债务融资的顺周期性及其理论解释 [J]. 财贸经济，2018，39 (8): 21-34.

[91] 宋凌云，王贤彬. 政府补贴与产业结构变动 [J]. 中国工业经济，2013 (4): 94-106.

[92] 宋凌云，王贤彬. 重点产业政策、资源重置与产业生产率 [J]. 管理世界，2013 (12): 63-77.

[93] 宋凌云，王贤彬. 产业政策的增长效应: 存在性与异质性 [J]. 南开经济研究，2016 (6): 78-93.

[94] 宋凌云，王贤彬. 产业政策如何推动产业增长——财政手段效应及信息和竞争的调节作用 [J]. 财贸研究，2017，28 (3): 11-27.

[95] 宋凌云，王贤彬，徐现祥. 地方官员引领产业结构变动 [J]. 经济学（季刊），2013，12 (1): 71-92.

[96] 孙博文，柳明，张伟广. 僵尸企业识别研究综述: 修正与异质特征——基于企业产品创新的视角 [J]. 宏观质量研究，2019，7 (3): 79-98.

[97] 孙早，席建成．中国式产业政策的实施效果：产业升级还是短期经济增长［J］．中国工业经济，2015（7）：52-67．

[98] 谭洪波．中国要素市场扭曲存在工业偏向吗？——基于中国省级面板数据的实证研究［J］．管理世界，2015（12）：96-105．

[99] 谭语嫣，谭之博，黄益平，等．僵尸企业的投资挤出效应：基于中国工业企业的证据［J］．经济研究，2017，52（5）：175-188．

[100] 田侃，李泽广，陈宇峰．“次优”债务契约的治理绩效研究［J］．经济研究，2010，45（8）：90-102．

[101] 王兵，聂欣．产业集聚与环境治理：助力还是阻力——来自开发区设立准自然实验的证据［J］．中国工业经济，2016（12）：75-89．

[102] 王君，周振．从相关论争看我国产业政策转型［J］．经济社会体制比较，2017（1）：95-103．

[103] 王克敏，刘静，李晓溪．产业政策、政府支持与公司投资效率研究［J］．管理世界，2017（3）：113-124，145，188．

[104] 王韧，马红旗．信贷资源错配与僵尸企业贷款［J］．财经科学，2019（2）：27-37．

[105] 王守坤．僵尸企业与污染排放：基于识别与机理的实证分析［J］．统计研究，2018，35（10）：58-68．

[106] 王万 ，刘小玄．为什么僵尸企业能够长期生存［J］．中国工业经济，2018（10）：61-79．

[107] 王贤彬．地方官员治理与区域协调发展［J］．重庆大学学报（社会科学版），2013，19（5）：13-21．

[108] 王贤彬，舒元．官员匹配与经济绩效——基于省级党政首长的实证分析［J］．重庆大学学报（社会科学版），2014，20（6）：53-63．

[109] 王贤彬，王淑芳．刺激计划与企业融资——基于“四万亿”政策的理论分析与实证检验［J］．产业经济评论，2019（3）：50-67．

[110] 王贤彬，徐现祥．地方官员来源、去向、任期与经济增长——来自中国省长省委书记的证据［J］．管理世界，2008（3）：16-26．

[111] 王贤彬，徐现祥．地方官员晋升竞争与经济增长［J］．经济科学，2010（6）：42-58．

[112] 王贤彬，徐现祥．中国地方官员经济增长轨迹及其机制研究［J］．经济学家，2010（11）：34-43．

[113] 王贤彬，徐现祥．官员能力与经济发展——来自省级官员个体效应的证据［J］．南方经济，2014（6）：1-24．

[114] 王贤彬，徐现祥，李郇．地方官员更替与经济增长［J］．经济学（季刊），

2009，8（4）：1301-1328．

[115] 王贤彬，徐现祥，周靖祥．晋升激励与投资周期——来自中国省级官员的证据［J］．中国工业经济，2010（12）：16-26．

[116] 王贤彬，张莉，徐现祥．辖区经济增长绩效与省长省委书记晋升［J］．经济社会体制比较，2011（1）：110-122．

[117] 王晓珍，邹鸿辉，高伟．产业政策有效性分析——来自风电企业产权性质及区域创新环境异质性的考量［J］．科学学研究，2018，36（2）：228-238．

[118] 王永进，张国峰．开发区生产率优势的来源：集聚效应还是选择效应？［J］．经济研究，2016，51（7）：58-71．

[119] 王永钦，李蔚，戴芸．僵尸企业如何影响了企业创新？——来自中国工业企业的证据［J］．经济研究，2018，53（11）：99-114．

[120] 魏丽，刘志洋．"十大产业振兴计划"对我国A股市场相关行业拉动作用的实证分析［J］．经济纵横，2010（6）：22-25，10．

[121] 温军，冯根福．异质机构、企业性质与自主创新［J］．经济研究，2012，47（3）：53-64．

[122] 文东伟，冼国明．企业异质性、融资约束与中国制造业企业的出口［J］．金融研究，2014（4）：98-113．

[123] 吴一平，李鲁．中国开发区政策绩效评估：基于企业创新能力的视角［J］．金融研究，2017（6）：126-141．

[124] 吴意云，朱希伟．中国为何过早进入再分散：产业政策与经济地理［J］．世界经济，2015，38（2）：140-166．

[125] 向宽虎，陆铭．发展速度与质量的冲突——为什么开发区政策的区域分散倾向是不可持续的？［J］．财经研究，2015，41（4）：4-17．

[126] 肖兴志，黄振国．僵尸企业如何阻碍产业发展：基于异质性视角的机理分析［J］．世界经济，2019，42（2）：122-146．

[127] 肖兴志，张伟广．中国产业经济学发展轨迹与特征分析——基于《中国工业经济》期刊文献的计量分析［J］．产业组织评论，2018（1）：149-174．

[128] 肖兴志，张伟广．中国规制经济学发展轨迹与特征分析——基于CSSCI期刊的文献计量考察［J］．财经论丛，2018（11）：104-112．

[129] 肖兴志，张伟广．"授之以鱼"与"授之以渔"——首轮东北振兴政策的再思考［J］．经济科学，2019（3）：54-66．

[130] 肖兴志，张伟广，朝镛．僵尸企业与就业增长：保护还是排挤？［J］．管理世界，2019，35（8）：69-83．

[131] 熊兵．"僵尸企业"治理的他国经验［J］．改革，2016（3）：120-127．

[132] 熊瑞祥，王慷楷．地方官员晋升激励、产业政策与资源配置效率［J］．经济评论，2017（3）：104-118．

[133] 徐现祥，李书娟．官员偏爱籍贯地的机制研究——基于资源转移的视角［J］．经济研究，2019，54（7）：111-126．

[134] 徐现祥，王贤彬．晋升激励与经济增长：来自中国省级官员的证据［J］．世界经济，2010，33（2）：15-36．

[135] 徐现祥，王贤彬．任命制下的官员经济增长行为［J］．经济学（季刊），2010，9（4）：1447-1466．

[136] 徐现祥，王贤彬，舒元．地方官员与经济增长——来自中国省长、省委书记交流的证据［J］．经济研究，2007（9）：18-31．

[137] 许江波，卿小权．僵尸企业对供应商的溢出效应及其影响因素［J］．经济管理，2019，41（3）：56-72．

[138] 许江波，史国梁．基于PSM模型的僵尸企业识别方法有效性检验［J］．财会月刊，2018（15）：31-37．

[139] 颜洪平，王贤彬．发展经济：中央政府、地方官员与企业的博弈［J］．财经科学，2015（1）：69-78．

[140] 杨海生，才国伟，李泽槟．政策不连续性与财政效率损失——来自地方官员变更的经验证据［J］．管理世界，2015（12）：12-23，187．

[141] 杨海生，陈少凌，罗党论，等．政策不稳定性与经济增长——来自中国地方官员变更的经验证据［J］．管理世界，2014（9）：13-28，187-188．

[142] 杨海生，陈少凌，周永章．地方政府竞争与环境政策——来自中国省份数据的证据［J］．南方经济，2008（6）：15-30．

[143] 杨海生，罗党论，陈少凌．资源禀赋、官员交流与经济增长［J］．管理世界，2010，（05）：17-26．

[144] 杨继东，罗路宝．产业政策、地区竞争与资源空间配置扭曲［J］．中国工业经济，2018（12）：5-22．

[145] 杨汝岱．中国制造业企业全要素生产率研究［J］．经济研究，2015，（02）：61-74．

[146] 叶初升，唐晶星．银行竞争与产业升级——基于中国制造业“省份·行业·时间”三维数据的实证分析［J］．武汉大学学报（哲学社会科学版），2018，71（3）：117-126．

[147] 易靖韬，张修平，王化成．企业异质性、高管过度自信与企业创新绩效［J］．南开管理评论，2015，18（6）：101-112．

[148] 余东华，吕逸楠．政府不当干预与战略性新兴产业产能过剩——以中国光伏产业为例［J］．中国工业经济，2015（10）：53-68．

[149] 余明桂，范蕊，钟慧洁．中国产业政策与企业技术创新［J］．中国工业经济，2016（12）：5-22．

[150] 余泳泽，胡山．中国经济高质量发展的现实困境与基本路径：文献综述［J］．宏观质量研究，2018，6（4）：1-17．

[151] 余泳泽，潘妍．中国经济高速增长与服务业结构升级滞后并存之谜——基于地方经济增长目标约束视角的解释［J］．经济研究，2019，54（3）：150-165．

[152] 袁建国，后青松，程晨．企业政治资源的诅咒效应——基于政治关联与企业技术创新的考察［J］．管理世界，2015（1）：139-155．

[153] 袁其刚，刘斌，朱学昌．经济功能区的“生产率效应”研究［J］．世界经济，2015，38（5）：81-104．

[154] 曾皓，赵静．僵尸企业、融资方式与信息透明度［J］．现代财经（天津财经大学学报），2018，38（11）：79-94．

[155] 张栋，谢志华，王靖雯．中国僵尸企业及其认定——基于钢铁业上市公司的探索性研究［J］．中国工业经济，2016（11）：90-107．

[156] 张尔升．地方官员的企业背景与经济增长——来自中国省委书记、省长的证据［J］．中国工业经济，2010（3）：129-138．

[157] 张国峰，王永进，李坤望．开发区与企业动态成长机制——基于企业进入、退出和增长的研究［J］．财经研究，2016，42（12）：49-60．

[158] 张杰．进口对中国制造业企业专利活动的抑制效应研究［J］．中国工业经济，2015（7）：68-83．

[159] 张杰，郑文平．创新追赶战略抑制了中国专利质量么？［J］．经济研究，2018，53（5）：28-41．

[160] 张军，高远．官员任期、异地交流与经济增长——来自省级经验的证据［J］．经济研究，2007（11）：91-103．

[161] 张莉，朱光顺，李世刚，等．市场环境、重点产业政策与企业生产率差异［J］．管理世界，2019，35（3）：114-126．

[162] 张莉，朱光顺，李夏洋，等．重点产业政策与地方政府的资源配置［J］．中国工业经济，2017（8）：63-80．

[163] 张少辉，余泳泽．土地出让、资源错配与全要素生产率［J］．财经研究，2019，45（2）：73-85．

[164] 张天华，高翔，步晓宁，等．中国交通基础设施建设改善了企业资源配置效率吗？——基于高速公路建设与制造业企业要素投入的分析［J］．财经研究，2017，43（8）：122-134．

[165] 张璇，刘爱娟，张津玲，等．收入差距会促进创新吗？——价格效应抑或

规模效应［J］. 浙江社会科学，2016（6）：4-18，155.

［166］ 张璇，刘贝贝，汪婷，等. 信贷寻租、融资约束与企业创新［J］. 经济研究，2017，52（5）：161-174.

［167］ 张一林，蒲明. 债务展期与结构性去杠杆［J］. 经济研究，2018，53（7）：32-46.

［168］ 张雨潇，刘舫舸. 官员任期与工业企业实际税负：基于动态合谋理论视角的分析［J］. 财经论丛，2021，280（12）：38-49.

［169］ 张征宇，朱平芳. 地方环境支出的实证研究［J］. 经济研究，2010，45（5）：82-94.

［170］ 赵丽平，王俊杰. 供给侧改革背景下"僵尸企业"破产退出问题研究［J］. 法制与社会，2019（6）：76-77.

［171］ 郑江淮，高彦彦，胡小文. 企业"扎堆"、技术升级与经济绩效——开发区集聚效应的实证分析［J］. 经济研究，2008（5）：33-46.

［172］ 郑曼妮，黎文靖，柳建华. 利率市场化与过度负债企业降杠杆：资本结构动态调整视角［J］. 世界经济，2018，41（8）：149-170.

［173］ 周琎. 产业政策、产能过剩与僵尸企业形成的关系研究［J］. 新经济，2019（1）：51-57.

［174］ 周琎，冼国明，明秀南. 僵尸企业的识别与预警——来自中国上市公司的证据［J］. 财经研究，2018，44（4）：130-142.

［175］ 周开国，闫润宇，杨海生. 供给侧结构性改革背景下企业的退出与进入：政府和市场的作用［J］. 经济研究，2018，53（11）：81-98.

［176］ 周黎安. 晋升博弈中政府官员的激励与合作——兼论我国地方保护主义和重复建设问题长期存在的原因［J］. 经济研究，2004（6）：33-40.

［177］ 周黎安. 中国地方官员的晋升锦标赛模式研究［J］. 经济研究，2007（7）：36-50.

［178］ 周振华. 产业政策分析的基本框架［J］. 当代经济科学，1990（6）：26-32.

［179］ 朱鹤，何帆. 中国僵尸企业的数量测度及特征分析［J］. 北京工商大学学报（社会科学版），2016，31（4）：116-126.

［180］ 朱舜楠，陈琛."僵尸企业"诱因与处置方略［J］. 改革，2016（3）：110-119.

［181］ 朱希伟，沈璐敏，吴意云，等. 产能过剩异质性的形成机理［J］. 中国工业经济，2017（8）：44-62.

［182］ 诸竹君，张胜利，黄先海. 对外直接投资能治愈僵尸企业吗——基于企业加成率的视角［J］. 国际贸易问题，2018（8）：108-120.

［183］ 邹德萍. 解读中国十大产业振兴规划［J］. 价格与市场，2009（6）：15-19.

[184] AGHION P, CAI J, Dewatripont M, et al. Industrial Policy and Competition [J]. American Economic Journal: Macroeconomics, 2015, 7 (4): 1-32.

[185] AHEARNE A G, SHINADA N. Zombie Firms and Economic Stagnation in Japan [J]. International Economics & Economic Policy, 2005, 2 (4): 363-381.

[186] AUDRETSCH D B, FELDMAN M P. R&D Spillovers and the Geography of Innovation and Production [J]. American Economic Review, 1996, 86 (3): 630-640.

[187] BRANDT L, VAN BIESEBROECK J, ZHANG Y. Creative Accounting or Creative Destruction? Firm-level Productivity Growth in Chinese Manufacturing [J]. Journal of Development Economics, 2012, 97 (2): 339-351.

[188] CABALLERO R J, HOSHI T, KASHYAP A. Zombie Lending and Depressed Restructuring in Japan [J]. American Economic Review, 2008, 98 (5): 1943-1977.

[189] CARD D, KRUEGER A B. Minimum Wages and Employment: A Case Study of the Fast-food Industry in New Jersey and Pennsylvania: Reply [J]. American Economic Review, 2000, 90 (5): 1397-1420.

[190] CRISCUOLO C, MARTIN R, OVERMAN H. Some Causal Effects of an Industrial Policy [J]. American Economic Review, 2019, 109 (1): 48-85.

[191] FUKUDA S, NAKAMURA J. Why did "Zombie" Firms Recover in Japan? [J]. The World Economy, 2011, 34 (7): 1124-1137.

[192] GRIFFIN N N, ODAKI K. Reallocation and Productivity Growth in Japan: Revisiting the Lost Decade of the 1990s [J]. Journal of Productivity Analysis, 2009, 31 (2): 125-136.

[193] HOSHI T. Economics of the Living Dead [J]. The Japanese Economic Review, 2006, 57 (1): 30-49.

[194] HOSHI T, KASHYAP A. Why Did Japan Stop Growing? [J]. Nira Report, 2011 (1).

[195] HOSHI T, KASHYAP A. Japan's Financial Crisis and Economic Stagnation [J]. Journal of Economic Perspectives, 2004, 18 (1): 3-26.

[196] HOSHI T, KIM Y. Macroprudential Policy and Zombie Lending in Korea [R]. ABFER Working Paper, 2012.

[197] HSIEH C T, KLENOW P J. Misallocation and Manufacturing TFP in China and India [J]. Quarterly Journal of Economics, 2009, 124 (4): 1403-1448.

[198] IMAI K. A Panel Study of Zombie SMEs in Japan: Identification, Borrowing and Investment Behavior [J]. Journal of the Japanese & International Economies, 2016, 39: 91-107.

[199] JAFFE A B. Real Effects of Academic Research [J]. American Economic Review, 1989, 79 (5): 957-970.

[200] JASKOWSKI M. Should Zombie Lending always Be Prevented? [J]. International Review of Economics & Finance, 2015 (40): 191-203.

[201] KANE E J. Dangers of Capital Forbearance: The Case of The FSLIC and "Zombie" S&Ls [J]. Contemporary Economic Policy, 1987, 5 (1): 77-83.

[202] LIN J Y, LI Z. Policy Burden, Privatization and Soft Budget Constraint [J]. Journal of Comparative Economics, 2008, 36 (1): 90-102.

[203] NAKAMURA J, FUKUDA S. What Happened to "Zombie" Firms In Japan? Reexamination for the Lost Two Decades [J]. Global Journal of Economics, 2013, 2 (2): 1-18.

[204] NISHIMURA K G, NAKAJIMA T, KIYOTA K. Does the Natural Selection Mechanism still Work in Severe Recessions? Examination of the Japanese Economy in the 1990s [J]. Journal of Economic Behavior & Organization, 2005, 58 (1): 53-78.

[205] OLLEY G S, PAKES A. The Dynamics of Productivity in the Telecommunications Equipment Industry [J]. Econometrica, 1996, 64 (6): 1263-1297.

[206] PAKES A, GRILICHES Z. Patents and R&D at the Firm Level: A First Report [J]. Economics Letters, 1980, 5 (4): 377-381.

[207] PEEK J, ROSENGREN E S. Unnatural Selection: Perverse Incentives and the Misallocation of Credit in Japan [J]. American Economic Review, 2005, 95 (4): 1144-1166.

[208] ROSENBAUM P R, RUBIN D B. Constructing A Control Group Using Multivariate Matched Sampling Methods that Incorporate the Propensity Score [J]. The American Statistician, 1985, 39 (1): 33-38.

[209] SHEN G, CHEN B. Zombie Firms and Over-capacity in Chinese Manufacturing [J]. China Economic Review, 2017 (44): 327-342.

[210] TAN Y, HUANG Y, WOO W T. Zombie Firms and the Crowding-out of Private Investment in China [J]. Asian Economic Papers, 2016, 15 (3): 32-55.

[211] Tanaka T. A Lost Decade Revisited: Zombie Firms and Inefficient Labor Allocation [C]. Discussion Papers in Economics & Business, 2006.

[212] WASCHER W, NEUMARK D. Minimum Wages and Employment: A Review of Evidence from the New Minimum Wage Research [M]. Singapore: World Scientific Pub Co Inc., 2006.

关键词索引